Susanne Wingels

Niederrhein 1
mit Kindern

Orte, die Kindern und Eltern Freude machen

Titelbild: Millingerwaard/NL

Impressum

Herausgeber: Pagina Verlag GmbH, Goch
© 2014 by Pagina Verlag GmbH, Goch und die Autorin
2. überarbeitete Auflage 2016
Zeichnungen: Carina Wingels
Alle Rechte, insbesondere das Recht der Vervielfältigung und der Verbreitung
sowie das Recht der Übersetzung vorbehalten.

Gesamtherstellung: B.O.S.S Medien GmbH, Goch
Gestaltung: Jacqueline Wynhoff
Printed in Germany

ISBN 978-3-944146-26-3

Inhalt

Irrland
Die Bauernhof-Erlebnisoase

Toben, matschen, bauen und mit allen Sinnen erleben

4

Wetter: bei jedem Wetter
Altersempfehlung: 1–12+20–99 Jahre
Aufenthaltsdauer: den ganzen Tag

Irrland Erlebnislabyrinth
Die Bauernhof-Erlebnisoase
Am Scheidweg 1, 47624 Kevelaer-Twisteden
Telefon 0 28 32/9 76-6 56
info@irrland.de, www.irrland.de
Facebook:
IRRLAND-Die Bauernhof-Erlebnisoase
GPS: 51°33'20"N 6°12'25"E

Öffnungszeiten:
ca. Ende März–ca. Ende Juni: 9–20 Uhr
ca. Ende Juni–ca. Ende Aug. 9–21 Uhr
Ende Aug.–Mitte Sept. 9–20 Uhr
ca. Mitte Sept.–Anf. November
Hinweise auf der Internetseite

Eintrittspreise: Tageskarte 6 € (1–99 Jahre),
Gruppen 5 € incl. 1 € Wertchip
Tagestarif m. Verzehrkarte 10 €
Rollstuhlfahrer: kostenlos

Senioren-Saisonkarte: 25 €
Familien-Saisonkarte:
60 € für 2 Elternteile+1 Kind,
jedes weitere Kind 10 €
Kindergeburtstag: mietbare Villen,
Tagesmiete 10–70 € (Online-Reservierung)
Anreise: von Geldern/Kevelaer kommend
Richtung Twisteden, dann den Schildern
folgen. Von Goch/Weeze aus zunächst den
Schildern zum Flughafen Niederrhein folgen,
dann weiter geradeaus bis Twisteden.
Parkgelegenheit: kostenlos vor der Tür
GPS: 51°33'19"N 6°12'14"E
Behindertenparkplatz: vorhanden
Anreise mit öffentlichen Verkehrsmitteln:
Linie 73, Haltestelle Irrland,
oder Bürgerbus ab Bf. Kevelaer
Gastronomie: vorhanden
WC: vorhanden
Behinderten-WC: in jedem Bereich vorhanden
Wickelraum: in jedem Bereich vorhanden

Hier ver"irre" ich mich gern!

Haben Sie schon einmal im Mais gebadet?
In der riesigen Halle im Irrland kann man das ausgiebig tun: sich von
seinen Kindern einbuddeln lassen, Rohrsysteme bauen und den Mais hindurch rieseln
lassen. Was auch immer man im Irrland macht, es macht Spaß und man kann es entspannt mit allen Sinnen genießen! Das Gelände ist riesig, zwei Tunnel verbinden zwei
Felder mit dem ehemaligen Plantaria-Gelände, in dem es auch noch einige Tiere zu bestaunen gibt: Kängurus, Affen, Leguane, Waschbären, Papageien, Störche, Vögel aller
Art und jede Menge Streicheltiere. Aktiv sein ist hier angesagt, für jede Altersgruppe:
auf den riesigen Hüpfkissen, in der Strohburg, mit Fahrzeugen aller Art (vom Trettre-
cker bis zu Berg-Karts und Crazy Bikes) und für jede Größe, in den beiden Labyrinthen,
auf den gigantischen Rutschen (mit und ohne Wasser), beim Erklettern des Vesuvs,
beim Toben im Wasser an der Südseeinsel mit Piratenschiff und nicht zuletzt auf einem
der Sandmatschplätze. Doch es geht auch ruhiger: Überall laden Liegewiesen und
Picknicktische zum Verweilen ein. In allen Bereichen des Parks gibt es alte Flugzeuge
und Helikopter, die es zu erkunden gilt. Bei schlechtem Wetter zieht man sich einfach
in eine der Aktionsscheunen oder einen der Wintergärten zurück, in denen weitere
wunderbare Abenteuer warten. Wer das alles in Ruhe ausprobieren möchte, kann
getrost mehrere Tage einplanen!
Zum Schluss noch ein Tipp: Legen Sie sich mal auf das Schwabbelkissen und lassen Sie
ihre Kinder um sich herum hüpfen. Das ist Wellness pur mit großem Spaßfaktor!

In allen Picknickbereichen stehen Grills, die kostenlos genutzt werden können.
Grillkohle und Würstchen gibt es am Kiosk.
Wer sein Gepäck nicht tragen möchte, kann für 3,00 € einen Bollerwagen mieten.

Ponyhof Leiting – Erlebnis-Spielplatz und Ponyhof

Toben, spielen und reiten im Grünen

Altersempfehlung: 2–10 Jahre
Aufenthaltsdauer: > 3 Std.
Wetter: überdachte Bereiche
für plötzlichen Regen

Ponyhof Leiting
Alte Bundesstraße 3, 46419 Isselburg
Telefon 0 28 73/7 57
info@ponyhof-leiting.de
www.ponyhof-leiting.de
Facebook: Ponyhof Leiting
GPS: 51°48'46"N 6°29'30"E

Öffnungszeiten:
Saison: Mitte März bis Anfang November
Samstag und Sonntag: 11–18 Uhr
Montag bis Freitag: 14–18 Uhr
Ferien und Feiertage: 11–18 Uhr
Spielplatz: 10–19 Uhr

Eintritt: frei

Anreise: A3 Abfahrt 4 Bocholt/Rees – links auf
die B67 Richtung Bocholt, der Straße 4,5 km
folgen (alternativ von der Reeser Rheinbrücke
aus 12,5 km der B67 folgen). Links in die
„Alte Bundesstraße" abbiegen (Achtung: Das
Hinweisschild ist recht spät zu sehen!), ab hier
den Schildern folgen.
Parkgelegenheit: Parkplatz am Gelände
GPS 51°48'45"N 6°29'32"E
Behindertenparkplatz: vorhanden
Öffentliche Verkehrsmittel: Linie 61, Halte-
stelle „Am Kreuzweg" (B67), 600 m Fußweg
Kinderwagen-/Rollstuhl: geeignet; auf den
Wiesen muss kräftig geschoben werden
Gastronomie: Kiosk + Imbisswagen
WC: vorhanden/Behinderten-WC: –
Wickelstation: vorhanden
Sommerlauben für Gruppen und Kinder-
geburtstage: bis 14/20 Personen: 13 €/18 €,
Tandem 13 €
Verpflegung kann selbst mitgebracht oder am
Kiosk erworben werden

Wer sich am Wochenende auf dem Parkplatz umschaut, ist beeindruckt: Die Menschen kommen von überall her hierhin. Jeder darf hier einfach hineinspazieren – der Eintritt ist frei. Zwischen Obstwiesen und künstlich angelegten Hügeln liegt ein großer Spielplatz, eingefasst von Streichelgehegen, einem kleinen Autoskooter, einer großen Wiese zum Fußball spielen und Herumliegen. Mittendrin befindet sich eine Ponyreitbahn und der Kiosk mit einer großen Terrasse. An den Ställen am Hauptgebäude kann man sich ein Pony aussuchen, um eine große Runde auszureiten, und in regelmäßigen Abständen fährt der Westernexpress (eine bunte Bimmelbahn) seine Runden und beweist, dass er sein eigenes Zugende überholen kann. Zwischen all den Spielgeräten stehen Picknicktische und Bänke – hier darf auch Mitgebrachtes verzehrt werden. Es gibt große Rutschen, ein Riesenhüpfkissen, Trampoline, eine Seilbahn und ein kleines Karussell, viele Möglichkeiten zum Toben, Klettern und Bewegen. Die Kinder können Laufkarten kaufen und sich selbstständig für die verschiedenen Aktivitäten anstellen. In der Nähe der Tiergehege befindet sich auch ein Bereich mit Spielmöglichkeiten für kleinere Kinder. Die liebevoll bemalten Figuren, die überall stehen, dürften vielen Eltern noch bekannt sein: Sie stammen vom Eltener Märchenberg.

LVR-Archäologischer Park Xanten/LVR-RömerMuseum

Auf den Spuren der Römer

Altersempfehlung: ab 6 Jahre
Aufenthaltsdauer: > 3 Stunden
Wetter: bei jedem Wetter

LVR-Archäologischer Park Xanten/
LVR-RömerMuseum
Am Amphitheater (ehemals Wardter Straße)
46509 Xanten, Telefon 0 28 01/9 88 92 13
apx@lvr.de, www.apx.lvr.de
GPS (Römermuseum): 51°40′01″N, 6°26′24″E

Öffnungszeiten:
März–Oktober: täglich 9–18 Uhr
November: täglich 9–17 Uhr
Dezember–Februar: täglich 10–16 Uhr

Eintrittspreise:
Erwachsene 9 €, Auszubildende, Menschen mit
Behinderung, Studierende 6 €, Flüchtlinge,
Kinder und Jugendliche bis 18 Jahre frei
Familienkarte (2 Erwachsene
und alle Kinder) 18 €

Anreise: A57 Abfahrt Sonsbeck Richtung
Sonsbeck/Xanten den Schildern folgen. Nach
12 km bzw. auch aus allen anderen Richtun-
gen der B 57 in Richtung Xanten folgen. Ab
hier ist der APX ausgeschildert.
Parkgelegenheit: drei Parkplätze am Park
GPS (Parkplatz am Hafentempel):
51°40′10″N, 6°26′56″E
(Parkplatz am Römermuseum):
51°40′01″N, 6°26′31″E
Behindertenparkplatz: vorhanden
Öffentliche Verkehrsmittel: zum Bahnhof
Xanten mit dem Regionalexpress aus Duis-
burg oder Linie 44 aus Kleve. Ab Bahnhof
Xanten Linie SL42 (Richtung Brigittenstraße)
direkt zum Haupteingang „Am Rheintor".
Kinderwagen-/Rollstuhl:
gut geeignet

Gastronomie: vorhanden.
Römeressen möglich! (siehe
Kapitel Essen und Trinken)
WC/Behinderten-WC/
Wickelstation: vorhanden

Wer schon lange nicht mehr hier war, wird überrascht sein! Nach wie vor bieten die
Arena, die Stadtmauer, der Hafentempel, das Nordtor und der große, erweiterte
Erlebnisspielplatz ganz besondere, außergewöhnliche Möglichkeiten zum Entdecken
und Erleben. Wer durch die Gänge unterhalb der Zuschauerränge der Arena streift,
spürt den Atem der Geschichte, kann die Raubtiere riechen, die auf ihren Einsatz warten, und den Lärm der Gladiatoren hören, die nie wissen, wann ihr letztes Stündlein
schlägt. Geschichte wird hier greifbar und erlebbar. Doch die Colonia Ulpia Traiana,   9
auf deren Grund sich dieser ganz besondere Park befindet, war eine große Stadt, und
die Wege sind weit. Aufgelockert wird das Ganze durch zahlreiche Schautafeln und
Aktionsräume (ganz neu und interaktiv: Die Ausstellung „Kaiser, Senat und Volk" in der
Römischen Herberge), in denen beispielsweise die römische Bauweise oder Fortbe-
wegungsmittel dargestellt werden, das Spielhaus, in dem unter freundlicher Anlei-
tung des Personals die antiken Spiele ausprobiert werden können, und als krönende
Neuheit das LVR-RömerMuseum, das auf den echten Grundmauern des Badehauses
errichtet wurde und dessen Fassade die damalige Architektur widerspiegelt. Hier gibt
es unendlich viele Artefakte zum Bestaunen, eine Kleinkinder-Spielecke und für die
Kinder die Gelegenheit, sich als Römer zu verkleiden. Die Möglichkeiten werden nur
durch eines begrenzt: die eigene Kraft und Energie, die den Besucher schließlich müde
und zufrieden zum Ausgang schleichen lässt.

Tipp: Nehmen Sie sich Zeit für den Museumsshop. Hier gibt es unendlich tolle
Dinge für jedes Alter zu entdecken: vom Wimmelbilderbuch für die ganz Kleinen
über informative Erwachsenenlektüre bis hin zu Holzschwertern und anderen
Alltagsgegenständen, um das Gelernte zuhause im Spiel umzusetzen. Von Mai bis
September jedes Wochenende Mitmachprogramme („Römisches Wochenende").
Weitere Informationen in der Presse und im Internet (http://www.apx.lvr.de/
ihrbesuch/familien/).

Wasserburg Anholt

Prinzessin Aschenputtel, ein Rembrandt und der große Irrgarten

Altersempfehlung: ab 6 Jahre
Aufenthaltsdauer: > 3 Stunden

Museum Wasserburg Anholt
Schloss 1, 46419 Isselburg-Anholt
Telefon 0 28 74/4 53 53
Telefax 0 28 74/4 53 56
museum@fuerst-salm.de
www.wasserburg-anholt.de
GPS: 51°50'39"N, 6°25'37"E

Öffnungszeiten Museum:
Mai–Sept.: tägl. (außer Mo) 11–16 Uhr (stündl.
Führungen, So nachm. halbstündl.)
Okt.–April: So 13–16 Uhr (stündl. Führungen)
+ nach Vereinb., Park: ganzjährig täglich geöff-
net. Eintrittsmünzen können im Büro
des Museums erworben werden.
Eintrittspreise: Erwachsene: 10 € (Museum),
5 € (Park), 13 € (Museum+Park), Kinder: 4 €
(Museum), 3 € (Park), 5 € (Museum+Park)
(Museumsbesichtigung nur mit Führung)

Anreise: ab Rheinbrücke Rees ca. 7 km der
B67 folgen, links abbiegen Richtung Millingen
(Millinger Straße)/alternativ A3 Abfahrt 4 Bo-
cholt/Rees, Richtung Rees, nach 400 m rechts
abbiegen (Millinger Straße), nach 1 km rechts
Richtung Vehlingen, nach 3 km am Ortsein-
gang Anholt rechts auf das Burggelände
Parkgelegenheit: am Burggelände
Behindertenparkplatz: nicht separat ausge-
wiesen, genügend Platz vorhanden.
Öffentliche Verkehrsmittel: Linie 61, Halte-
stelle „Schloss Anholt"/Klever Straße
Kinderwagen-/Rollstuhl: Museum nicht geeig-
net. Der Park ist barrierefrei zugänglich und
die Hauptwege gut befahrbar.
Gastronomie: Restaurant „Wasserpavillon" mit
Terrasse, im Winter: Restaurant „Burgkeller"
WC: vorhanden
Behinderten-WC: das WC am Busparkplatz ist
mit Hilfe geeignet (1 Stufe)
Wickelstation: –

Tipp: Nehmen Sie auf jeden Fall einen Gartenplan (Flyer) mit, dann können Sie die Wege gezielt wählen und die Parkanlagen viel intensiver genießen.

Das Museum: Kinder zwischen antiken Möbeln, chinesischen Vasen und echten Gemälden? Das macht erst einmal skeptisch, doch als unsere Führerin erscheint, zerstreut sie diese Bedenken energisch, indem sie sich die Kinder schnappt und sie zu Prinzen und Prinzessinnen erhebt. Einmal im Mittelpunkt, bleibt kein Platz für Langeweile, die Jüngsten dürfen die nächste Tür öffnen und werden gehörig in die Führung einbezogen: „Dieser Schrank hat einen geheimen Schalter. Was glaubst du, wo kann man ihn öffnen?" Trotzdem bleibt noch Platz für die Interessen der Erwachsenen und anderssprachiger Führungsteilnehmer. Nicht nur die Porzellan- und die Gemäldesammlung (hier gibt es einen echten Rembrandt!) beeindrucken. Auch Architektur und Einrichtung lassen die Besucher in alte Zeiten eintauchen. Düster wird's nach Abschluss der Führung im Dicken Turm mit Kerker, Waffen- und Münzsammlung, und im Burgkeller kann man in Ruhe die antike Kücheneinrichtung bestaunen.

Der riesige Ballsaal und das herrschaftliche Treppenhaus verführen zum Staunen. Kein Wunder, dass hier 2011 der WDR-Märchenfilm „Aschenputtel" gedreht wurde!

Der Park: Für jeden Lauftyp ist hier etwas dabei. Die langen Wege führen in entlegene, halbwilde Ecken des Landschaftsparks. Doch auch über den kurzen Weg schafft man es in den Barock- und Rosengarten. Von überall bieten sich wunderbare Blicke über das Wasser zur Wasserburg und Möglichkeiten, in Ruhe die Natur oder auch die Parklandschaft zu genießen. Besonders interessant für Kinder ist das Heckenlabyrinth (Lage etwa: 51°50'40"N, 6°25'50"E), das auch Erwachsene vor eine Herausforderung stellt. In der Mitte bietet ein Turm einen guten Überblick, bevor man sich erneut auf die Suche nach dem Ausgang macht. Die Wege im Park sind so angelegt, dass man auf der einen Seite der Zufahrt zur Wasserburg startet und auf der anderen Seite den Park wieder verlassen kann, also nur einmal um die Burg herumlaufen muss. Da freuen sich müde Beine und genießen bis zum Schluss die vielfältigen Blicke auf die prachtvolle Wasserburg.

Der Eselbauer –
Eselwandern am Niederrhein

Der Weg ist das Ziel – der Esel ist der Weg ...
(mit Sokrates unterwegs)

Altersempfehlung: 1–99 Jahre
Aufenthaltsdauer: > 3 Stunden
Wetter: kann bei starkem Regen nach Absprache verschoben werden

Der Eselbauer Frank Noppert
Zum Horn 30, 47574 Goch-Kessel
Telefon 01 57/87 37 79 08
(18–20 Uhr und am Wochenende)
derEselbauer@yahoo.de, www.derEselbauer.de
GPS: 51°42'43.43"N, 6° 4'29.95"E

Öffnungszeiten: immer vorher anrufen
und reservieren!
November–März: auf Anfrage
April–Oktober: jedes Wochenende 9–20 Uhr
Juli/Aug: jeden Tag 9–20 Uhr
Preise: Eselrunde 3–5 km (ca. 2 Std.) ab 35 €,
Tageswanderung ab 65 € (abhängig von der
Anzahl der Esel und Personen)

Anreise: B 504 aus Richtung Goch: In Kessel
rechts ab (aus Richtung Kranenburg kom-
mend links ab) in die Driesbergstraße, 1.
Straße links, geradeaus über die Niersbrücke
fahren, 1 Straße rechts (Zum Horn), auf ein
rotes Reflektordreieck rechts achten, 10 m
danach im kleinen Kiefernwäldchen rechts
Zufahrt zum Hof (durch den Wald)
Parkgelegenheit: am Hof
Behindertenparkplatz: nicht separat
beschildert
Öffentliche Verkehrsmittel: SL11, SL18, Haltestelle Burfkamp, 1000 m Fußweg (Richtung
Kessel, dann links ab in die Straße „Zum
Horn")
Kinderwagen-/Rollstuhl: Spezialprogramme
für Menschen mit Handicap nach Vereinbarung. Der Hof ist gut erreichbar, das Eselge-
lände mit etwas Hilfe. Es gibt rollstuhl- und
kinderwagengerechte Wanderrouten.

Gastronomie: Restaurant Traberhof in der un-
mittelbaren Nachbarschaft, Kombiangebote
(z.B. „Eselfrühstück") nach Vereinbarung
WC: vorhanden

Behinderten-WC: – (sofern die auf dem Hof
gelegene Ferienwohnung nicht vermietet ist,
befindet sich dort ein barrierefreies Bad)
Wickelstation: – (ggf. werden Möglichkeiten
geschaffen)

Wer mit dem Esel unterwegs ist, lernt viele Leute kennen. Und sieht, wie unterschiedlich Menschen unterwegs sein können: Zu Fuß mit und ohne Stöcke, als Jogger, auf
dem Fahrrad, mit Hunden, mit Pferden... Aber wir, wir haben einen Esel dabei!
Verblüffte Blicke, man kommt ins Gespräch. Esel Sokrates freut sich und grast und
bekommt dabei noch mehr Aufmerksamkeit und Streicheleinheiten als zuvor.
Wer mit einem Esel wandert, sollte vor allem eines nicht haben: Einen festen Zeitplan!
Erst recht, wenn er auch noch Kinder dabei hat. Es wird auch nicht geritten. Der Esel ist
ein Weggefährte, der das Gepäck trägt und uns in der Natur begleitet, entschleunigt
und für Abwechslung und Gesprächsstoff sorgt. Sie sind ruhiger und entspannter als
Pferde, daher sind auch Begegnungen mit anderen Tieren völlig problemlos – zumin-
dest für uns. Gerade Pferde reagieren oft sehr verblüfft, wenn sie einen Esel sehen!
Dank der intensiven „Eselogie" (Einweisung) wissen wir, wie „unser" Esel tickt, und
können uns entspannen, ohne ständig Machtkämpfe austragen zu müssen („Mein Esel
bleibt einfach stehen" gibt es hier so nicht, denn wir haben gelernt, was wir dann tun
können). Nachdem ich einmal als Leittier akzeptiert bin, folgt mein Eselchen mir (fast
immer) auf Schritt und Tritt. Und auch den Kindern – die Jüngere gibt so gerne das
Kommando zum Anhalten. Dafür wird er belohnt: mit Streicheleinheiten und Pausen.
Vor und nach der Wanderung wird der Esel gebürstet. Im Eseltempo ziehen wir weiter.
Und schon kommt der nächste Passant: „Wo haben Sie denn den Esel her?"

Es lassen sich die verschiedensten Arrangements treffen: Esel trifft Kanu, Eselfrühstück, Eseltrekking, Eselwochenende, Eselwoche, Übernachtungen, Jakobsweg ...
Für jede Entfernung gibt es Routen und Tourenvorschläge mit Kartenmaterial. Bei
den Wanderangeboten werden 12–15 km pro Tag zurückgelegt. Sie eignen sich für
Erwachsene und Kinder ab etwa 10 Jahren. Auch Menschen mit Handicap können
am Eselerlebnis teilhaben.

Auf dem Wasser unterwegs

Am Niederrhein gibt es vielfältige Möglichkeiten, sich mit dem Boot übers Wasser zu bewegen. Hier sind einige davon:

Café-Restaurant Königsgarten
Königsgarten 53
47533 Kleve
Tel.: 0 28 21/1 36 67
Fax: 0 28 21/1 35 36
info@cafe-koenigsgarten.de
www.cafe-koenigsgarten.de
Tretboot fahren auf dem Kermisdahl
Verleihzeiten: wochentags 11–18 Uhr,
Sa + So 10–18 Uhr
Preise: Erwachsene ab 12 J. 3,00 € /
Person für 1/2 Std. , 5,00 € / Person für 1 Std.
Kinder 5–11 Jahre 50 % Ermäßigung
Kinder bis 4 Jahre frei
Das Café-Restaurant hat täglich bis 24 Uhr geöffnet. Gegenüber befindet sich ein Spielplatz.

Campingplatz Geschwister Philipoom GbR
Wildweg 50
46446 Emmerich am Rhein (Elten)
Tel. 0 28 28/25 24
Tretboot und Ruderboot fahren auf der Wild
Verleihzeiten: 8.00 Uhr bis Einbruch der
Dunkelheit
Preise: 3,00 € pro Boot / 1/2 Stunde
(Tretboot für 2 Personen, Ruderboot für
4 Personen)

Paddeln auf der Niers (siehe Seite 16–18)

Freizeitzentrum Xanten (siehe Seite 28/29)
Öffnungszeiten:
April–September: täglich ab 10 Uhr
Oktober–März: täglich ab 11 Uhr

Hafen Xanten
- *Fun-Tretboote (während der Saison): 1/2 Stunde: 6,90 €*
- *Ruderboote: 1/2 Std.: 4,80 €*
- *Schaluppen (bis 8 Pers.): 1 Std.: 35 €*
- *FZX-Donuts (Funboot, während der Saison): 75 € / Stunde, maximal 10 Personen*
- *Stand-up-Paddling Boards: 1/2 Std.: 7 €*

Hafen Vynen
- *Bootsverleih: Fun-Tretboote (Tarif siehe oben), Elektroboote (1/2 Stunde: 10,00 €), Kanus (1/2 Stunde ab 3,90 €) u.a., FZX Donuts (Tarif siehe oben)*

Freizeitpark Wisseler See GmbH
(siehe Seite 130)
Zum Wisseler See 15
47546 Kalkar
Tel.: 0 28 24/96 31-0
Fax: 0 28 24/96 31-31
info@wisseler-see.de
www.wisseler-see.de

Öffnungszeiten variabel, durchführbar im Rahmen eines Besuchs im Freibad: Tretboot 3,50 € / 1/2 Std.

Bootsverleih am Harksee
Harkseeweg
41366 Schwalmtal
Tel: 01 52/29 14 91 19 oder 01 52-29 14 93 65
GPS 51°13'10.15"N, 6°13'33.00"E
Öffnungszeiten: 1. März–31. Okt., bei schönem Wetter bis Mitte Nov., werktags 10.30–19 Uhr, So+Feiertage 9.30-19 Uhr
Preise 2015: Tretboot 1/2 Std. 8 €, 1 Std. 13 €, Kajak, Ruderboot, Kanu 5 €/9 €, Ruderboot mit Elektromotor 9 €/16 €, Partyboot „Charlotte" 18 €/30 €)
Parkgelegenheit: Parkplatz „Inselschlösschen", Harkseeweg 78, 41366 Schwalmtal (Navi Wiesenstraße 47, 41372 Niederkrüchten-Brempt)

Paddeln auf der Niers
Mit 6 km/h auf dem kühlen Nass unterwegs

16   Altersempfehlung: erst, wenn Kinder gut
und sicher schwimmen können
(Schwimmweste nicht vergessen!)
Aufenthaltsdauer: > 2 Stunden
Wetter: bei Regen ist es sicherlich nicht
so voll auf der Niers …

Es gibt viele Möglichkeiten, auf der Niers zu reisen,
zahlreiche Anbieter und interessante Kombinati-
onen. Ganz umsonst und ohne große Aufregung
kann man aber auch (soweit vorhanden) ein Schlauchboot oder
Kanu und Verpflegung einpacken, zu einer der Bootsanlegestellen fahren, das Boot zu
Wasser lassen und lospaddeln oder sich einfach flussabwärts treiben lassen. Man sollte
allerdings bedenken, dass man einen Rücktransport benötigt, und vorher das Bringen
oder eine Abholung organisieren oder ein zweites Auto am gewünschten Ausstiegsort
deponieren. Mit Kindern ist es sicherlich zu empfehlen, nur ein oder zwei Stationen zu
fahren, sonst wird es zu anstrengend und langweilig. Ohne starke Hände sollte man
auch Umtragestellen vermeiden, an denen die Boote aus dem Wasser gehoben und
ein Stück getragen werden müssen. Das Gepäck sollte möglichst wasserdicht verpackt
sein und vor allem Wertsachen in einem dichten, schwimmfähigen Behälter aufgehoben werden – denn ganz trocken bleibt man eigentlich nie!

Es versteht sich sicher von selbst, dass man hier in der Natur möglichst keine Schäden anrichtet und nichts verschmutzt. An den Anlegestellen befinden sich Mülleimer. Die Niers darf privat ganzjährig (nicht motorisiert) befahren werden. Die Anlegestellen bitte nicht dauerhaft zuparken, Sie sind nicht alleine dort. Tipp: Samstags ist die Niers sehr voll – wer die Wahl hat, sollte am Sonntag oder wochentags fahren. Kopfbedeckung gegen die Sonne nicht vergessen!

Es gibt folgende Stationen:
- Wachtendonk, Moorenstraße, 47669 Wachtendonk (Dixi)
- Pont, Möhlendyk, 47608 Geldern-Pont (Dixi)
- Geldern, Am Goltenhof, 47608 Geldern (Dixi)
- Wetten (Umtragestelle flussaufwärts), Hauptstraße, 47625 Kevelaer-Wetten (Dixi)
- Kevelaer, Rheinstraße, 47623 Kevelaer
- Schloss Wissen (Umtragestelle flussaufwärts), Kervenheimer Straße, 47652 Weeze (Dixi)
- Weeze, Wasserstraße 50, 47652 Weeze (WC in Kevin's Pub)
- Kalbecker Forst (WC, Gastronomie, Fähre bei „Jan an de Fähr"), Höst-Vornicker-Weg, 47652 Weeze (GPS 51°40'1.38"N, 6°11'49.79"E)
- Goch (WC, Gastronomie, Stadtpark), Mühlenstraße, 47574 Goch
- Kessel (WC, Gastronomie), Bogenstraße, 47574 Goch-Kessel

Anfahrtbeschreibungen und Karten finden Sie auf den Internetseiten der Betreiber.

Wer kein eigenes Boot besitzt oder keine Möglichkeit hat, das Bringen oder Abholen zu organisieren, kann den Service eines professionellen Anbieters nutzen (Saison: 15.04.–31.10.). Hier bekommt man ein Boot, kann auf Wunsch die Fahrt noch mit anderen Aktivitäten verbinden und sich (gegen Aufpreis und nur auf Anfrage) anschließend zum Ausgangspunkt zurückbringen lassen. Auch ein Fahrradtransport gehört meistens zum Service. Internetseiten und Flyer geben genau Auskunft über Angebote, Service, Zeiten und Preise. Teilweise gibt es die Möglichkeit einer Regenversicherung. Achten Sie auch darauf, welche Stationen die Anbieter ansteuern.

BAKO-SPECIAL-TOURS
Neuwerker Str. 288, 41748 Viersen
Telefon 0 21 62/35 04 16
info@bakotours.de, www.bakotours.de
Bootstypen: Kanu, Kajak, Mannschaftskanadier, Großschlauchboot
Kombi-/Zusatz-Angebote: Fahrradtouren, Planwagenfahrten, Frühstück, BBQ, Zelten, Übernachtung, Kindergeburtstag „Nierspiraten" (ab 6)

Freizeit Schwarz, Inhaber: Ulrich Schwarz
Holtumsweg 4, 47652 Weeze
Telefon 0 28 37/67 60, Telefax 0 28 37/12 23
info@freizeit-schwarz.com, www.freizeit-schwarz.com
Bootstypen: Kanu, Schlauchboot
Kombi-/Zusatz-Angebote: Fahrradtouren, Grillabend

Gecco Tours
Sonnenweg 43, 47533 Kleve
Telefon 0 28 21/89 61 20, Telefax 0 28 21/89 61 21
info@geccotours.com, www.geccotours.com
Bootstypen: Schlauchboot und Kanadier
Kombi-/Zusatz-Angebote: Fahrradverleih, BBQ, GeccoMobil, Bogenschießen, Geocaching, Floßbau

Gocher Nierstouren/Freizeitteam Niers
Bootsverleih Schoofs
Vossheider Straße 55/57, 47574 Goch
Tel./Fax: 0 28 23/8 64 07, Mobil 01 70/9 30 09 06
info@gocher-nierstouren.de
info@freizeitteam-niers.de
www.gocher-nierstouren.de
www.freizeitteam-niers.de

Facebook: Gocher Nierstouren
Bootstypen: Kanadier, Kajak, Schlauchboot
Kombi-/Zusatz-Angebote: Trollbiketouren,
Planwagenfahrten (Traktor), Grillen+Zelten

Hammans Freizeit
Rheinstr. 25, 41749 Viersen
Telefon 0 21 62/26 65 50, Telefax 0 21 62/2 66 55 29
info@hammans-freizeit.de
www.hammans-freizeit.de
Bootstypen: Kajak, Kanadier, Schlauchboot
Kombi-/Zusatz-Angebote: Fahrradverleih, BBQ,
Lunchpakete, Planwagenfahrten (Pferd),
Teamspiele, Geocaching, Übernachtung,
Bogenschießen, Kletterwald

HotzSpots
Georg Hotz
Schopsweg 3a, 47669 Wachtendonk
Telefon 0 28 36/97 18 01
info@hotzspots.de, www.hotzspots.de
Bootstypen: 4er-Boot (kippstabil) und 8er-Boot,
Kanu, Großschlauchboot
Kombi-/Zusatz-Angebote: Großfahrrad, Grillen

Kesseler Bootsverleih
Daniel van Bonn
Hochstraße 19, 47608 Geldern-Walbeck
Telefon 0 28 31/1 34 48 49, Mobil 01 76/23 38 49 79
Telefax 0 28 31/1 33 08 92
info@kesseler-bootsverleih.de
www.kesseler-bootsverleih
Facebook: Kesseler Bootsverleih –
Paddeln auf der Niers
Bootstypen: Kajak, Kanadier, Schlauchboote
Kombi-/Zusatz-Angebote: Fahrrad, Flair-Mobil,

Minigolf, Grillabend, Esel, (Nacht-)Bogenschießen,
Axtwerfen, Team-Olympiade, Floßbau,
Kindergeburtstage

Niederrhein Kanu
Ulrich Sander
Blatehof 23, D-47665 Sonsbeck
Telefon 0 28 38/77 90 60, Telefax 0 28 38/77 90 61
info@niederrhein-kanu.de, www.niederrhein-kanu.de
Facebook: Niederrhein Kanu
Bootstypen: Kanadier, Kajak, Schlauchboote
Kombi-/Zusatz-Angebote: Frühstück, Kaffee und
Kuchen, Grillbuffet, Übernachtung, Fahrrad,
Bogenschießen, Planwagen (mit Pferd oder
Traktor), Floßbau, Segway, mobiler Kletterturm,
Kindergeburtstage

Nierspaddeln
Uwe Hoppe
Buchenweg 6, 47652 Weeze
Telefon 0 28 37/66 83 92, Mobil 01 74/7 66 34 48
nierspaddeln@web.de, www.nierspaddeln.de
Facebook: Nierspaddeln/Paddeln auf der Niers
Bootstypen: Schlauchboot, Kajak, Kanadier
Kombi-/Zusatz-Angebote: Gruppenfahrräder
(XXL Thekenfahrräder/Trollbike), Planwagen-
fahrten, Grillen, Zelten, Hotelvermittlung

Sport-Spiel-Spaß Agentur
Vorster Str. 87a, 41169 Mönchengladbach
Telefon 02161/551000, Mobil 0172/2650729
Fax 02162/785633
info@niers-spass.de, www.niers-spass.de
Bootstypen: Gatz-Canadier, Schlauchboot
Kombi-/Zusatz-Angebote: Grillen, Übernachten,
Lunchpakete

Niersfähre in Goch-Kalbeck

Jeder kann ein Fährmann sein

Preise: kostenlos
Anreise: L77 „Boxteler Bahn" Goch-Uedem, aus Richtung Goch kommend nach 1,7 km rechts abbiegen in den Höst-Vornicker-Weg, nach 100 m liegt links das Restaurant „Jan an de Fähr", an dem Sie parken können.
Parkgelegenheit: Restaurant Jan an de Fähr GPS 51°40'4.21"N, 6°11'49.03"E
Behindertenparkplatz: vorhanden
Öffentliche Verkehrsmittel: Buslinie 74, Haltestelle „Jan an de Fähr"
Kinderwagen-/Rollstuhl: zugänglich über eine Betonrampe (mit Begleitperson)
Gastronomie: Rest. Jan an de Fähr (S. 152)
WC: im Restaurant
Behinderten-WC: rollstuhlgerecht
Wickelstation: vorhanden

Altersempfehlung: 1–99 Jahre
Aufenthaltsdauer: > 15 Minuten
Wetter: bei schönem Wetter

Standort: Kalbecker Forst, Goch-Kalbeck, direkt an der Niers
(beim Restaurant „Jan an de Fähr")
GPS: 51°40'2.65"N, 6°11'53.55"E
Öffnungszeiten: nicht bei Niedrig- oder Hochwasser, sonst frei zugänglich

Ein schönes kleines Ausflugsziel mit großem Spaßfaktor für Kinder: Im Kalbecker Forst am Ufer der Niers liegt eine kleine Fähre, die mit Hilfe einer Handkurbel von einem Ufer zum anderen bewegt werden kann. Kinder haben hier besonders viel Spaß, und der eine oder andere Radfahrer, der auf diese Weise ohne eigene Mühe ans andere Ufer gelangt, gibt vielleicht sogar ein Trinkgeld. Wer genug gekurbelt hat, kann an der Niers spazieren gehen, im Restaurant Jan an de Fähr (mit Spielplatz, Wiese und Außenterrasse) etwas essen oder trinken oder auf der anderen Seite den Spielplatz am ehemaligen Herrensitz Kalbeck besuchen. Es gibt also genug Gründe, immer mal wieder die Seite zu wechseln …

Unmittelbar neben dem Restaurant befindet sich die Anlegestelle „Kalbecker Forst". Hier kann also auch gepaddelt werden.
Ein Besuch der Niersfähre lässt sich auch gut mit einer Wanderung oder Radtour verbinden. Sie liegt direkt am Nierswanderweg, am Niersradwanderweg und an der Herrensitzroute an Maas und Niers.

Grenzland-Draisine

Kleve – Kranenburg – Groesbeek
Schienenspaß für die ganze Familie

Altersempfehlung: 1–99 Jahre
Aufenthaltsdauer: > 4 Stunden
Wetter: Bei Regen können Regencapes für 1 €
erworben werden.

Grenzland-Draisine GmbH
Bahnhofstraße 15, 47559 Kranenburg
Telefon 0 28 26/9 17 99 00
(in der Saison: Mo–Fr 8.30–16.30 Uhr)
Telefax 0 28 26/9 17 99 57
info@grenzland-draisine.eu
www.grenzland-draisine.eu
Facebook: www.facebook.com/draisinenver-
band (Deutscher Draisinen Verband)
GPS: Draisinenbahnhof Kleve (Parkplatz Wie-
senstraße) 51°47'35.11"N, 6° 8'28.21"E
Bahnhof Kranenburg (Bahnhofstraße 15)
51°47'10.33"N, 6° 0'22.95"E
Draisinenbahnhof Groesbeek (Spoorlaan,
NL-6562 AL Groesbeek) 51°46'40.22"N,
5°56'1.43"E

Abfahrtszeiten: Reservierung erforderlich
Beginn Osterferien bis 31. Oktober
Kleve (nach Kranenb.): 11 Uhr, 15 Uhr, 19 Uhr
Kranenburg (nach Kleve): 9 Uhr, 13 Uhr,
17 Uhr
Kranenburg (nach Groesbeek): 11 Uhr, 15 Uhr,
19 Uhr
Groesbeek (nach Kranenburg): 9 Uhr, 13 Uhr,
17 Uhr die jeweils letzte Abfahrtszeit in alle
Richtungen bedingt durch Dunkelheit nur
Mitte April bis Anf. Sept.
Preise: Mo–Do 11 €, Fr–So und an Feiertagen
14 €, Kinder bis 2 Jahre frei. Kinder von 3 bis
einschl. 14 Jahre 50 % Nachlass.
Anreise: die Draisinenbahnhöfe sind in den
jeweiligen Ortschaften ausgeschildert
Parkgelegenheit:
Kleve: Parkplatz Wiesenstraße gegen Gebühr,
GPS 51°47'32.43"N, 6° 8'32.54"E
Kranenburg: Rund um den alten Bahnhof,
Bahnhofstraße 15, GPS 51°47'11.30"N, 6°
0'24.52"E

Groesbeek: Parkplatz Houtlaan,
GPS 51°46'38.06"N, 5°55'50.76"E
Behindertenparkplatz:
Nicht separat ausgewiesen, aber genügend
Parkmöglichkeiten vor Ort.
Öffentliche Verkehrsmittel:
Kleve: Bahn/Bus „Kleve Bahnhof", ca. 500 m
Kranenburg: Buslinie SB58, Haltestelle
„Bürgermeisteramt", ca. 500 m
Nijmegen-Groesbeek Linie 5, Haltestelle
„Groesbeek Centrum" (Dorpstraat)
Kinderwagen-/Rollstuhl: auf der Clubdraisine
gut zu bewerkstelligen
Gastronomie: am Bahnhof beziehungsweise
in der Nähe (genaue Infos auf www.grenz-
land-draisine.eu unter „Gastronomie")
WC/Behinderten-WC: an jedem Bahnhof
Wickelstation: – (einfach nachfragen, die Mit-
arbeiter sorgen für eine Wickelmöglichkeit)

Um es sich wirklich vorzustellen, muss man so eine Fahrt mit der Draisine ausprobiert haben: Die Aufregung vor dem ersten Bahnübergang, die Begegnung mit anderen Draisinen (wenn man langsam ist, von hinten, wenn man schnell ist, von vorn – wobei in ausreichend großen Abständen gestartet wird), den Spaß beim gemeinsamen In-die-Pedale-Treten und die schönen Ausblicke in die Natur. Ein kleines Päuschen am ausgewählten Zielort (überall kann man auf die Schnelle etwas zu essen und zu trinken bekommen – besonders hübsch ist der alte Eisenbahnwaggon, der mittlerweile am Draisinenbahnhof in Kleve steht), dann geht's wieder zurück. Dabei kann man in Ruhe zusammen sein, reden oder die Natur genießen, und hin und wieder ein kleines Abenteuer erleben. Kinder sind besonders stolz, wenn sie eine Schranke öffnen oder auch ihren Beitrag beim Treten leisten können. Besonders lustig ist es auf der Club-draisine für 14 Personen (angetrieben von vier „Stramplern") – aber eine Familie kann das Ganze auch sehr schön auf der Fahrraddraisine für vier Personen (zwei Fahrer) genießen. Dabei kann man von hinten in den Tiergarten schauen, durch einen Tunnel aus Bäumen fahren und bemerkt ganz nebenbei und ohne sich zu sehr anzustrengen, dass es auch am flachen Niederrhein Steigungen gibt.
Die Strecke Kranenburg-Groesbeek ist mit 5,5 km kürzer und somit schneller zu bewerkstelligen. Dafür gibt es auf dem Weg Kleve-Kranenburg (10 km) wunderschöne Aussichten. Themenfahrten zu Halloween oder Sinterklaas. Am Bahnhof Kranenburg kann ein Grillplatz mit Grillpavillon gemietet werden, Boule gespielt und eine Bögelbahn genutzt werden. Es kann auch ein längerer Aufenthalt geplant werden. Die Rückfahrzeit ist bei der Buchung mit anzugeben.

Tipidorf
Waldfreibad Walbeck
Schlafen wie ein Indianer

Altersempfehlung: 1–99 Jahre
Aufenthaltsdauer: > 1 Nacht
Wetter: im Sommer, nicht bei starkem Sturm

Am Freibad 24, 47608 Geldern-Walbeck
Telefon 0 28 31/1 32 77 43
info@tipidorf-walbeck.de
www.tipidorf-walbeck.de
Facebook: Tipidorf Walbeck/Kesseler Bootsverleih – Paddeln auf der Niers
GPS: 51°29'47.55"N, 6°13'18.87"E

Öffnungszeiten: nach Voranmeldung – im
Sommer ist das Gelände für Besucher des
Waldfreibades je nach Witterung geöffnet, so
dass man einen Eindruck davon gewinnen
oder etwas verzehren kann. Übernachtungen
ab 1 Person können auch kurzfristig gebucht
werden, Aktionen ab 10 Personen.

Preise (Auszug): Einfache Übernachtung:
bis 16 Jahre 13 €, ab 16 Jahre 15 €
Optional Feldbett 5 €
Verpflegung kann zugebucht werden
Zusatzangebote: Bogenschießen, Axtwerfen,
Tomahawk-Werfen, Armbrustschießen, Team-
parcour, Blasrohr-Schießen, Beachvolleyball
und vieles mehr. Geplant: Outdoor-Kegelbahn
mitten im Wald
Anreise: B 9 Kevelaer Richtung Geldern, nach
dem Ortsausgang Kevelaer rechts auf die
L 491 (in diese Richtung ist auch das „Irrland"
ausgeschildert), 1. Kreuzung links (Walbecker
Straße), der Straße etwa 7 km folgen, rechts
abbiegen (Kevelaerer Straße), nach 1 km
rechts abbiegen (Walbecker Straße), nach
etwa 1,4 km rechts abbiegen (Am Freibad),
durchfahren bis zum Parkplatz/Waldfreibad.
Parkgelegenheit: am Waldfreibad und auf
einem großen, separaten Parkplatz
(GPS 51°29'42"N, 6°13'36"E)

Behindertenparkplatz: am Waldfreibad
Öffentliche Verkehrsmittel: Buslinien SL8 und
35, Haltestelle „Waldfreibad"
Kinderwagen-/Rollstuhl: frei zugänglich
Gastronomie: Café „All Seasons" und Imbiss
„Onkel Tom's Hütte"
WC+Wickelstation: vorhanden
Behinderten-WC: –

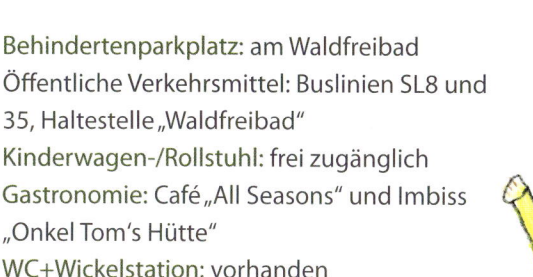

Wollen wir
Blutsbrüder werden?

Übernachten wie ein Indianer – hier werden Träume wahr! Hinter dem Palisadenzaun, umgeben von Wald und Natur, tauchen wir ab in die Welt von Winnetou und Old Shatterhand, Yakari und Kleiner Donner. Zehn Tipis – große, mittelgroße und kleine – erwarten uns. Riesige Bäume, unter denen wir lagern und essen können, spenden Schatten. Überall gibt es rustikale Bänke und Tische. Wagenräder, Holzkutschen, ein Marterpfahl und die geschnitzten Kakteen am Imbiss „Onkel Tom's Hütte" geben uns das Gefühl, tatsächlich im Wilden Westen angekommen zu sein. Wir können ein Lagerfeuer machen und Stockwurst grillen. Das Gelände und der angrenzende Wald bieten so viele Möglichkeiten – langweilig wird es hier nie. Ist das Freibad geöffnet, kann auch dort gebadet und gespielt werden. Bucht man hier einen Kindergeburtstag, sind je nach Kategorie etliche Zusatzaktivitäten gleich mit eingeplant. In jedem Fall wird eine Stammesfahne gebastelt, und alle Kinder erhalten eine Kriegsbemalung. Und wenn wir nachts das Tipi schließen und den Geräuschen des Waldes lauschen, dann besuchen wir im Traum das Land der Indianer.

Hinter dem Waldfreibad beginnt ein großes, grenzübergreifendes Naturschutzgebiet. Unzählige Wanderwege und namhafte Radrouten (Zwei-Länder-Route, Niederrhein-Route, Herrensitzroute, Fossa-Route, N-Route 3 und Geldern-Route) führen ebenso hier vorbei wie eine Nordic-Walking-Strecke und die Fossa Eugenia, ein nie vollendeter Kanalbau. Nur einen Kilometer weiter beginnen die Niederlande – hier geht es nach Arcen und in die Maasdünen.

Mühlen am Niederrhein
Staunen, backen und genießen

Kriemhildmühle Xanten

Altersempfehlung: ab 3 Jahre
Aufenthaltsdauer: 30 Minuten–2 Stunden
Wetter: teilweise wetterunabhängig

Am Niederrhein sind noch eine ganze Reihe Mühlen aus alten Zeiten erhalten, und erstaunlich viele davon wurden liebevoll restauriert und werden wieder aktiv betrieben.

Dies bietet eine ganze Reihe von Möglichkeiten: Man kann die Mühlen besichtigen, dort Brot kaufen, essen und trinken oder auch selbst backen. All dies ist immer ein Erlebnis und auch für einen Kindergeburtstag sehr interessant. Dies sind drei Mühlen, die besonders für Kinder viel zu bieten haben.

Kriemhildmühle in Xanten

Nordwall 5, 46509 Xanten
Telefon 0 28 01/65 56, Telefax 0 28 01/9 01 87
muellerweichold@t-online.de
www.kriemhild-muehle.de
Facebook: www.facebook.com/kriemhildmuehle
GPS: 51°39'48.79"N, 6°27'2.10"E
Öffnungszeiten:
Mo 14–18.30 Uhr, Di–Fr 8.30–18.30 Uhr
Sa 8.30–18 Uhr, So je nach Witterung 11–17 Uhr
Preise: Besichtigung: 1 €

Endlich was Gesundes, das ich mag!

Alte Mühle Donsbrüggen   Kriemhildmühle Xanten   Mühle am Möllenbölt, Elten

Anreise: B 57 Richtung Xanten, den Schildern Richtung Innenstadt folgen.

Parkgelegenheit: in der Innenstadt parken, idealerweise auf dem Parkplatz an der Bemmelstraße (GPS 51°39'50.42"N, 6°27'8.86"E) oder am Westwall/Hagenbuschstraße (GPS 51°39'43.12"N, 6°26'58.36"E)

Behindertenparkplatz: nicht ausgewiesen. Man kann aber den Nordwall befahren und auch am Straßenrand parken.

Öffentliche Verkehrsmittel:

Bahn: Xanten Bahnhof, ab hier Buslinie SB6 bis Haltestelle „Bahnhofstraße" (9 Minuten Fußweg)

Kinderwagen-/Rollstuhl: Geschäft im EG mit einer Stufe erreichbar, Aufstieg zur Mühle nicht geeignet

Gastronomie: Geschäft im Erdgeschoss mit Sitzgelegenheiten rund um die Mühle

WC: vorhanden

Behinderten-WC/Wickelstation: – (Möglichkeiten werden kreativ geschaffen)

25

Die Mühle ist – sonntags je nach Witterung – täglich geöffnet. Im Laden gibt es frisch aus dem dort hergestellten Mehl gebackenes Brot in Hülle und Fülle und in den verschiedensten Sorten, süßes Backwerk, außerdem verschiedene Naturprodukte und einen Bio-Weinkeller. Besteigt man die Mühle, kann man auf verschiedenen Etagen die jahrhundertealte Technik bewundern. Das Mahlwerk mit seinen Holzbalken, Getrieberädern und Mühlsteinen ist äußerst beeindruckend. Belohnt wird man außerdem draußen auf der Galerie mit einem wunderschönen Blick über Xanten und Umgebung.

Alte Mühle Donsbrüggen

Mehrer Straße 92, 47533 Kleve-Donsbrüggen

Telefon 0 28 21/2 62 11 (Paul Kersjes)

info@muehle-donsbrueggen.de, www.muehle-donsbrueggen.de

GPS: 51°48'19.65"N, 6° 5'14.78"E

Öffnungszeiten:

Ende März–Anfang November Di 14–17 Uhr (kein Brotverkauf), Sa 10–14 Uhr

Besichtigung Mühle: Erwachsene 1 €, Kinder 0,50 €

Anreise: B 9 Kleve–Kranenburg, hinter dem Ortseingang Donsbrüggen 1. Straße rechts, der Vorfahrtstraße folgen. Die Mühle liegt nach etwa 900 Metern auf der rechten Seite. Parkgelegenheit vor der Tür. Keine Behindertenparkplätze ausgewiesen.
Öffentliche Verkehrsmittel: Buslinie SB58, Haltestelle „Donsbrüggen Kirche"
Der Mühlenkeller mit Sitzgelegenheiten ist barrierefrei erreichbar. Am Eingang der Backstube gibt es eine Stufe, ebenso zum Mühlenmuseum. Zur Mühle hoch gibt es einige Stufen.
Gastronomie/Aktionen: Vesper (Brot mit Butter, Schmalz, Schinken, Käse und Marmelade) und Backaktionen sind nach Anmeldung möglich und beinhalten eine Mühlenführung.
WC: vorhanden

Seit vielen Jahren kommen die Leute von Nah und Fern, um hier das köstliche, frisch im Steinofen gebackene Vollkornbrot zu kaufen. Nach Voranmeldung kann man hier ein Mühlenfrühstück zu sich nehmen und selbst backen. Verbinden lässt sich dieser Einkauf mit einer Mühlenbesichtigung bis in die Turmkappe hinein und einem Besuch im Mühlenmuseum, in dem neben vielen Informationen bewegliche Mühlenmodelle zu sehen sind.

Mühle am Möllenbölt in Elten

Stokkumer Straße 27, 46446 Emmerich-Elten
Telefon 0 28 22/93 10 40, Telefax 0 28 22/93 10 20
infoCenter@Stadt-Emmerich.de, www.emmerich.de
GPS: 51°52'24.77"N, 6°10'5.81"E
Öffnungszeiten: Ostern–Oktober So 13–16 Uhr
Preise: 1 €/Person – Kinder kostenlos
Anreise: Ab Emmerich die B8 Richtung Elten 7 km folgen, rechts abbiegen auf die Schmidtstraße, 2. rechts abbiegen (Stokkumer Straße). Die Mühle befindet sich nach 300 Metern auf der linken Seite.
Parkgelegenheit: unmittelbar vor der Mühle
Öffentliche Verkehrsmittel: Buslinie 94, Haltestelle „Emmerich-Elten Markt", 12 Minuten Fußweg
Kinderwagen/Rollstuhl: Das Mühlencafé ist ebenerdig, in der Mühle gibt es 3 Etagen und steile, schmale Treppen.
Gastronomie: Mühlencafé, Sa+So 13–17 Uhr geöffnet
WC: (ebenerdig) im Mühlencafé/**Behinderten-WC:** –/**Wickelstation:** –
Kinderaktivitäten: Mühlenworkshop mit Mühlenführung und anschließendem Waffel- oder Pfannkuchenbacken im Mühlencafé (für Kindergartengruppen und Schulklassen kostenlos – Spenden willkommen, weitere Preise auf Anfrage)

Hier lässt sich ein gemütlicher Sonntagskaffee mit einer Mühlenbesichtigung verbinden. Zur Stärkung gibt es erst einmal Kuchen oder Waffeln aus Vollkornmehl. Vom Café aus hat man einen herrlichen Blick auf die Mühle, während der Müller den Kindern gerne schon einmal die Mühle zeigt. Doch auch für Erwachsene gibt es genug zu sehen. Für angemeldete Gruppen bis 25 Personen kostet eine Führung in der Mühle 45 €, für jede weitere Person 2,50 €.

Drususbrunnen in Hochelten

Spannende Geschichten am 1000 Jahre alten Brunnen

Altersempfehlung: ab 4 Jahre
Aufenthaltsdauer: 1/2 Stunde
Wetter: bei jedem Wetter

Drusus-Brunnen, Freiheit
46446 Emmerich-Elten (Hochelten)
Telefon 0 28 22/93 10 40, Telefax 0 28 22/93 10 20
infoCenter@Stadt-Emmerich.de
www.emmerich.de
GPS: 51°51'51.51"N, 6°10'16.14"E

Öffnungszeiten:
April bis Oktober: Sa., So. und feiertags von
13–17 Uhr sowie nach Absprache
Preise: 1,00 €/Person, Kinder freier Eintritt
Anreise: Ab Emmerich die B8 Richtung Elten
(6,5 km), in Elten 2. Straße rechts (Seminar-
straße), 1. Straße rechts (Lindenallee), Straße
folgen bis Hochelten (850 m), hier parken.
Zu Fuß rechts hoch laufen (Freiheit), an der
Kirche vorbei. (Drususbrunnen rechts).

Parkgelegenheit:
Lindenallee, Hochelten (am Minigolfplatz)
GPS: 51°51'55"N, 6°10'22"E
Kinderwagen-/Rollstuhl: Vom Parkplatz aus
muss kräftig bergauf geschoben werden. Ge-
gebenenfalls Menschen mit Behinderung und
Kinderwagen vor dem Parken mit dem Auto
vor dem Drususbrunnen absetzen.

Gastronomie: in der Nähe
WC: öffentliche Toilette im Pfannkuchenhaus
Behinderten-WC: –/Wickelstation: –

Dieser Brunnen ist schon über 1000 Jahre alt und liegt ganz oben auf einem 82 Meter hohen Berg. Wer das kleine, 170 Jahre alte Bruchsteingebäude betritt, kann sich auf spannende Geschichten aus alten und neueren Zeiten einrichten.

Der Brunnen selbst ist 57 Meter tief – das Wasser stammt aus einer Schicht 21,5 Meter über dem Meeresspiegel – und wurde errichtet, um ein damals hier oben in einer Burg beheimatetes Damenstift mit Wasser zu versorgen – tatsächlich versorgte er die Bevöl-kerung von Hochelten bis 1931 und auch nach dem 2. Weltkrieg mit Wasser! Im Brun-nenhaus können wir uns die Konstruktion mit den riesigen Zahnrädern anschauen, mit der lange Zeit das Wasser aus dem Brunnen geholt wurde. Wir schauen in die Tiefe und bewundern die geniale Baukunst. Dann ist es endlich so weit: Wir bekommen einen Eimer in die Hand und dürfen das Wasser in die Tiefe schütten. Und staunen, wie lange es bis zum Aufprall dauert! Der Drususbrunnen ist ein besonderer Ort, den man sich einmal anschauen sollte. 200 m südlich gibt es einen Aussichtsplatz, von dem man über die ganze Rheinebene schauen kann. Nahe des Parkplatzes gibt es ein Pfann-kuchenhaus und eine Minigolfanlage. Der Wald ist wunderbar für Spaziergänge und voller Geocaches aller Schwierigkeitsgrade.

Freizeitzentrum Xanten

Wasserspaß für Groß und Klein rund um die Xantener Nord- und Südsee

Altersempfehlung: 7 Jahre oder höher (je nach Sportart)+Schwimmabzeichen
Aufenthaltsdauer: > 2 Stunden
Wetter: Von unten wird man sowieso nass …

FZX Info-Center
Strohweg 2, 46509 Xanten
Telefon 0 28 01/71 56 56
info@f-z-x.de, www.f-z-x.de
Facebook: Freizeitzentrum Xanten

Anreise: von der B 57 (Xanten-Kalkar) aus den Schildern Freizeitzentrum Xanten (nach Vynen, Wardt, Lüttingen) folgen. Von dort aus sind die einzelnen Ziele ausgeschildert.
Parkgelegenheit: an den jeweiligen Zielen
Behindertenparkplatz: an allen Stellen vorhanden

Öffentliche Verkehrsmittel: SL42 (Stadtbus Xanten); Haltestellen „Archäologischer Park" (Hafen Xanten), „Wardt Nibelungenbad" bzw. „Hafen Wardt" (Wardt), „Restaurant Vehring" oder „Vynen Kirche" (Hafen Vynen)
Kinderwagen-/Rollstuhl: barrierefrei; unmittelbar am Strand muss aufgrund des Sandes kräftig geschoben werden
Gastronomie: an allen Häfen
WC: vorhanden
Behinderten-WC: rollstuhlgerechtes WC vorhanden
Wickelstation: im Hafen Vynen und Hafen Xanten vorhanden

Rund um die Nord- und Südsee gibt es zahlreiche Wassersport- und Beschäftigungsmöglichkeiten. An jedem der drei Häfen Vynen, Wardt und Xanten gibt es eine Anlegestelle für das Fahrgastschiff, Gastronomie, Rad- und Wanderwege. Im Hafen Xanten befindet sich ein Spielplatz.
Hafen Xanten:
GPS: 51°40'10.68"N, 6°27'20.37"E

Wasserski ist aufregend!

Öffnungszeiten Hafen Xanten:

April–September: täglich ab 10 Uhr
Oktober–März: täglich ab 11 Uhr

- Fun-Tretboote (während der Saison):
  1/2 Stunde: 6,90 €
- Ruderboote: 1/2 Std.: 4,80 €
- Schaluppen (b. 8 Pers.): 1 Std.: 35 €
- FZX-Donuts (Funboot, während der Saison):
  75 €/Stunde, maximal 10 Personen
- Stand-up-Paddling Boards: 1/2 Std.: 7 €
- Adventure-Golf: Erw. 5 €, Kinder 3,50 €,
  Familien (2 Ki/2 Erw.) 14,50 € (+2,90 €/Ki.)
- Boule und Cross-Boccia
- Spielplatz

Xanten-Wardt (Südsee)

- Strandbad (siehe Kapitel „Schwimmbäder")
- Wasserski (mit Seilbahn)
  (Benutzer müssen mindestens 15 Minuten
  in tiefem Wasser frei schwimmen können)
  Öffnungszeiten Wasserski:
  In den Sommerferien: täglich ab 12 Uhr
  Hauptsaison (Mai–Mitte September):
  Sa, So und Feiertage: ab 12 Uhr,
  wochentags ab 16 Uhr
  Vor-/Nachsaison (April/Mitte Sept.–
  Mitte Okt.): Sa, So und Feiertage: ab 12 Uhr,
  Fr ab 15 Uhr
  Preise: z.B. Anfängerkarte (2 Std.):
  Kinder/Jugendliche bis 16 J. 18 €,
  Erwachsene 24 €
  1-Std.-Karte 11 €/16 €, Tageskarte
  (inkl. Eintritt Strandbad) 25 €/33 €
  Einsteigerkurse: Termine siehe Internetseite
- Surfkurse, Schnuppersurfen, Catsurfen,
  Wakeboard: 0 28 01/46 66

Hafen Vynen

- Bootsverleih: Fun-Tretboote
  (Tarif siehe oben),
  Elektroboote (1/2 Stunde: 10 €),
  Kanus (1/2 Stunde ab 3,90 €) u.a.,
- Segelschule – Anmeldung
  Telefon 0 28 01/71 56 56

Fahrgastschiff Seestern Nachtigall GmbH

Alt-Vynscher Weg 5a, 46509 Xanten
Telefon 0171/6476355
info@seestern-xanten.de
www.seestern-xanten.de
Fährt von allen drei Häfen aus über die beiden
Seen. Fahrtdauer gesamt: 1,5 Stunden.
Fahrzeiten: siehe Fahrplan unter
www.seestern-xanten.de
Preise: Rundfahrt: 9 €, Teilstrecken ab 3 €

Rund um die Xantener Nord- und Südsee
gibt es noch mehr Angebote. Einzelheiten
erfahren Sie auf den oben genannten
Internetseiten. Die Gastronomie liegt oft in
Spielplatznähe, hat den Spielplatz aber nicht
unmittelbar am Haus.

Im Winter gibt es eine WinterWorld mit
winterlichen Freizeitaktivitäten für Groß
und Klein im Hafen Xanten. Termine und
Preise werden saisonal auf der Internetseite
veröffentlicht.

Adventurepark Xanten
Wer will, kann hoch hinaus

Altersempfehlung: > 4 Jahre
Aufenthaltsdauer: > 2 Stunden
Wetter: bei gutem Wetter

Adventurepark Xanten
Hochseilgarten
Strohweg 2, 46509 Xanten-Wardt
(Büro: Alter-Rhein-Weg 31, 46509 Xanten)
Telefon 028 01/9 84 40 55,
Telefax 0 28 01/9 84 40 56
info@adventurepark-xanten.de
www.adventurepark-xanten.de
Facebook: Adventurepark Xanten
GPS: 51°41'15"N, 6°26'22"E

Öffnungszeiten:
(Saison: Mitte März–Ende Okt.)
Sa, So, Feiertage 11–18 Uhr
(Schulferien täglich) witterungsbedingte
Änderungen sind möglich

Preise: (Auszug:)
Durchlauf Hochseilgarten
Erwachsene: 20 €
Durchlauf Hochseilgarten
bis einschl. 16 J.: 16 €
Kinderparcours Erwachsene: 15 €
Kinderparcours Kinder: 10 €
Riesenschaukel: 2 €

Anreise:
Anreise: aus Kalkar kommend B 57 Richtung
Xanten, links ab Richtung Wardt/aus Xanten
kommend B 57 Richtung Kalkar, rechts ab
Richtung Wardt (Am Bruckend), am Ende der
Straße rechts ab (Bankscher Weg), 1. Straße
links Richtung Wardt (Am Meerend), 1. Straße
rechts, auf dem Parkplatz vom Freizeit-
zentrum Xanten sind die verschiedenen
Attraktionen ausgeschildert.
Parkgelegenheit: am Gelände
(Freizeitzentrum Xanten)

GPS 51°41'16.98"N, 6°26'18.03"E
Behindertenparkplatz: vorhanden

Öffentliche Verkehrsmittel:
Buslinie SL 42, Haltestelle „Wardt Nibelun-
genbad"
Kinderwagen-/Rollstuhl: barrierefrei
Gastronomie: an Wochenenden und in den
Ferien werden Kaffee und Kuchen,
Eis und Getränke angeboten
WC: in 50 m Entfernung
Behinderten-WC: in 50 m Entfernung
Wickelstation: –

Kindergeburtstag: Während der
Öffnungszeiten kann für 10 € eine Holz-
hütte reserviert werden (ohne zeitliche
Begrenzung). Es wird der
normale Eintrittspreis erhoben, bei
mehr als 5 Kindern ist der Eintritt für das Geburtstagskind
kostenlos. Außerhalb der Öffnungszeiten kosten 3 Stunden im Kinderparcours mindestens
100 € (bis 10 Kinder, jedes weitere Kind 10 €, bei mehr als 10 Kindern ist der Eintritt für das
Geburtstagskind kostenlos (im Hochseilgarten: 130 € bis 8 Jugendliche bis 16 J., jeder weitere
Jugendliche 16 €, bei mehr als 8 Personen ist der Eintritt für das „Geburtstagskind" kostenlos).
Verpflegung kann mitgebracht werden. Ein Grill ist vorhanden. Bei schlechtem Wetter kann
ohne Stornogebühren kurzfristig abgesagt/verschoben werden.

Wer hoch hinaus will, ist hier genau richtig. Und kann eine Menge erleben! Besonders ist, dass
es ganz reguläre Öffnungszeiten gibt, an denen jeder einfach kommen kann. Der Hochseilgarten mit drei Ebenen in der Höhe von 1,5, 5,5 und 10 Metern funktioniert nach dem Durch-
laufsystem, also mit einem Sicherungssystem, bei dem die Teilnehmer das Sicherungsseil
während des Durchlaufs nicht umhängen müssen. Gurte gibt es in allen Größen, so dass auch
kleine Helden mit großem Herzen und entsprechender Geschicklichkeit sich schon in hohe
Höhen wagen können. Für alle anderen gibt es den Niedrigseilgarten. Hier bewegen wir uns
in einer Höhe von 1,5 bis 2,5 Metern. Bei kleineren Kindern sollten Eltern noch helfen, ab etwa
sechs Jahren können Kinder hier ganz selbständig klettern und ihr eigenes Können erleben.
Ein besonderes Highlight – und auch hier gibt es Gurte in allen Größen – ist die Riesenschaukel,
die Groß und Klein einen freien Fall ermöglicht: Nicht nur die Schaukel ist riesig, sondern auch
der Spaß für alle, die Lust auf Bauchkribbeln haben!

Wem das nicht genügt: Für Teams werden auch Module wie Floßbau, Teamparcours und
Top Rope angeboten.

Gocher Bucht (im Stadtpark)

Verkehrsübungsplatz mit Minigolf und noch viel mehr

Altersempfehlung: > 3 Jahre
Aufenthaltsdauer: > 1 Stunde
Wetter: nicht im Winter/bei Regen

Mühlengasse (Stadtpark Goch)
47574 Goch
Telefon 0 28 31/1 34 48 49
info@kesseler-bootsverleih.de
www.gocher-bucht.de
Facebook: Kesseler Bootsverleih –
Paddeln auf der Niers
GPS: 51°40'46.62"N, 6° 9'9.06"E

Öffnungszeiten: Saison: je nach Wetterlage
Mitte März bis Ende September
Sa+So+Ferien ab 11 Uhr bis spätestens 20 Uhr
An Regentagen geschlossen!

Preise (Auszug):
Kinder-Tageskarte (enthält alle Aktivitäten) 5 €
Minigolf: Erwachsene 3 €, Kinder 2 €
10-Minuten-Taktung (enthält alle Aktivitäten
für 10 Minuten): 1 €
Anreise: In Goch an der Kreuzung L77 (vorher
B504, Asperdener Straße)/Nordring/Westring
in die Mühlenstraße Richtung Innenstadt
abbiegen. Durchfahren bis zum Parkplatz
„Mühlenstraße" an der Kirche St. Maria
Magdalena (links). Von hier aus die Niers
überqueren und im Stadtpark links halten.
Parkgelegenheit: Parkplatz Mühlenstraße,
Goch
GPS 51°40'39"N, 6° 9'14"E
Behindertenparkplatz: nicht separat ausge-
wiesen.

Öffentliche Verkehrsmittel: Buslinie 11, Haltestelle „Hervorster Straße",
2 Min. Fußweg/Buslinie 47, „Goch Frauentorplatz", 4 Min. Fußweg
Kinderwagen-/Rollstuhl: frei zugänglich
Gastronomie: auf dem Gelände
WC: vorhanden
Behinderten-WC: –
Wickelstation: vorhanden

Es gibt viele Möglichkeiten, hier Spaß zu haben. Auf den grünen Hinweisschildern
rund um die Niers in Goch steht „Minigolfanlage". Das trifft aber nicht den Kern, denn
die Minigolfanlage mit selbst erfundenen, mal ganz anderen Bahnen (auf Gummibe-
lag mit unterschiedlichen Schwierigkeitsgraden) wird umrahmt von einem Verkehrsübungsplatz mit einer echten Ampel, einem Kreisverkehr, Parkmöglichkeiten und
Tankstellen, auf dem Kinder mit allen Arten von Fahrzeugen – vom Bobbycar über
Fahrräder bis hin zum Kettcar – ihre Runden drehen können. Außerdem gibt es eine
große Ritterburg mit Sandkasten (ca. 30 qm), verschiedene Trampolins, Torwand-
schießen, Panna Court (Fußball in einem kleinen runden Käfig), Basketball und einen
Wasserspielplatz. Wer das komplett eingezäunte Gelände vom Stadtpark aus betritt,
kann sich erst einmal umschauen und auch etwas essen oder trinken. Entscheidet man
sich zum Bleiben, gibt es verschiedene Varianten. Die Tageskarte für Kinder schließt
alle Aktivitäten mit ein, während die Eltern sich einfach nur gemütlich im Biergarten
aufhalten. Es ist auch möglich, einfach nur Minigolf zu spielen, ohne die anderen Möglichkeiten zu nutzen.

33

Durch die Nähe zur Stadt und zur
Bootsanlegestelle lässt sich
ein Aufenthalt hier auch gut
mit anderen Aktivitäten verbinden. Es ist auch möglich,
einen Grill zu mieten.

Papa spielt Minigolf,
und ich fahr Kettcar.

Schwanenturm in Kleve

Geologisches Museum –
„Was hat die Eiszeit am Niederrhein verloren ...?"

Schwanenburg
Schlossberg 1, 47533 Kleve
Telefon 0 28 21/2 28 84
info@klevischer-verein.de
www.klevischer-verein.de
Facebook: –
GPS: 51°47'12.75"N, 6° 8'20.28"E
Öffnungszeiten des Schwanenturms:
1. April bis 31. Oktober: täglich 11–17 Uhr,
1. November bis 31. März: Sa & So 11–17 Uhr
Eintrittspreise: Erwachsene: 3 €,
Studenten: 1 €, Schüler: 0,50 €,
Gruppen ab 5 Pers.: 2 € pro Person
Kinder unter 6 J.: freier Eintritt
Familien (Eltern mit Kindern): 6 €
Anreise: aus Richtung Goch: B 9 bis Ortsein-
gang Kleve, geradeaus weiterfahren (Nas-
sauer Allee) (aus allen anderen Richtungen
über den Klever Ring/B9 bis zur Uedemer
Straße, rechts auf die Uedemer Straße,
1. rechts auf die Nassauer Allee), in der
Linkskurve rechts abbiegen und der Nassauer
Allee/Nassauer Straße folgen, der abknicken-
den Vorfahrt nach rechts folgen (Goldstraße),
1. links (Reitbahn/Schlossberg), hochfahren
auf den Schwanenburg-Parkplatz.
Parkgelegenheit: vor der Schwanenburg
(GPS: 51°47'10.60"N, 6° 8'20.65"E),
im Umfeld oder in einem der beiden
nahegelegenen Parkhäuser
(z.B. GPS 51°47'11.35"N, 6° 8'5.91"E)
Behindertenparkplatz:
direkt vor der Schwanenburg
Öffentliche Verkehrsmittel:
Linie 49 „City Train", Haltest. „Fischmarkt",
von dort aus die Schlosstorstraße hinauf
(5 Min.)
Kinderwagen-/Rollstuhl:
Turmaufstieg nicht geeignet
Gastronomie: Gerichts-Kantine (7:30–15 Uhr)
in der Burg, Restaurants und Cafés in der Nähe
WC: vorhanden („Nette Toilette")
Behinderten-WC/Wickelstation: –

Bevor wir überhaupt auf den Turm hinaufsteigen, haben wir schon eine Menge gesehen. Der Eingang zum Museum liegt in einem Raum, der in der Vergangenheit keine Türen hatte und jahrhundertelang als Gefängnis genutzt wurde. Erst kürzlich wurde die darunter liegende Abfall- und Fäkalkammer freigelegt. So sieht man nun unter einer Panzerglasplatte einen Toilettenring und Abfallschächte. Die Besucher können mit einem Stick eine Kamera steuern und sich den unteren Raum auf einem Monitor anschauen. Dort erkennt man zum Beispiel im Boden eine Öffnung: Dies ist möglicherweise ein Geheimgang, über den Bewohner der Burg flüchten konnten. Nachdem wir die 89 Stufen der Spindeltreppe hinaufgestiegen sind und durch die Öffnung der beeindruckend dicken Mauer den untersten Museumsraum betreten haben, begrüßt uns ein Mammutschädel, der ganz in der Nähe (bei Valburg, zwischen Nijmegen und Arnheim) gefunden wurde. Neben Knochenfunden und Fossilien gibt es noch mehr zu besichtigen: Gesteine, die aus weit entfernten Ländern während der Eiszeit bis hierher transportiert wurden, eine wunderbare Aussicht und nicht zuletzt die Geschichte der Schwanenburg. Das Modell der Schwanenburg in der 4. Turmetage zeigt anschaulich, wie groß die Burg vor 400 Jahren war (nämlich etwa doppelt so groß). Für einen bleibenden Eindruck sorgen auch die Fotos zum Wiederaufbau nach dem 2. Weltkrieg. Das Ganze ist so ausführlich beschriftet und so beeindruckend, dass es niemals langweilig wird.

Im Museumsshop gibt es eine große Auswahl an Infomaterial zu Kleve, außerdem Literatur, Steine und Schmuck.

Ich kann schon
die Stufen zählen.

Klever Schuhmuseum

Traditionelles und Exotisches rund um die Fußbedeckung

Öffnungszeiten: Sa und So 14–17 Uhr

Preise: Erwachsene 3 €, Kinder 1 €, Familien 6 €

Altersempfehlung: ab 7 Jahre
Aufenthaltsdauer: 1/2 – 1 Stunde
Wetter: bei jedem Wetter

Klever SchuhMuseum
Siegertstraße 3 (am EOC)
47533 Kleve
Telefon 0 28 21/45 00 43
Mobil 015 77/3 99 07 24
(während der Öffnungszeiten)
info@klever-schuhmuseum.de
www.klever-schuhmuseum.de
GPS: 51°46′45.19″N, 6° 7′38.94″E

Anreise: in Kleve den Schildern zum EOC folgen. Dort parken. Der Eingang zum Museum befindet sich an der Siegertstraße, neben dem Café (1. und 2. Etage).
Parkgelegenheit: am EOC
GPS 51°46′45.96″N, 6° 7′40.30″E
Behindertenparkplatz: am EOC
Öffentliche Verkehrsmittel: Linien 49 (City Train), 50, 56, Haltestelle „EOC"
Kinderwagen-/Rollstuhl: –
Gastronomie/WC: nebenan
Behinderten-WC/Wickelstation: –

Hier finden Sie mehr als 150 Jahre Klever Geschichte in zwei Museumsräumen. Alles dreht sich um das Thema „Schuhe" – für Kinder sicherlich besonders interessant: Kuriositäten wie extreme Übergrößenschuhe, Clownschuhe, Landsknechtstiefel, Einheitsschuhe für Kinder (gleiche Schuhe für beide Füße) oder winzig kleine chinesische Stiefel für gebundene Lotusfüße, außerdem ein antikes Karussell, ein alter Schaukelelefant, alte Bürokommunikationsgeräte wie Telefone und Rechenmaschinen aus den 30er Jahren und ein Modell des Hoffmann-Geländes. Ehemalige Mitarbeiter der Klever Schuhhersteller sind vor Ort und geben gerne Auskunft.

Gruppenführungen können individuell vereinbart werden. Alle Exponate, die sich nicht hinter Glas befinden, dürfen auch (bitte entsprechend vorsichtig) angefasst werden.

Stiftsmuseum Xanten

Zeitreise durch 2000 Jahre Kirchengeschichte

Altersempfehlung: ab 6 Jahre (Mitmachprogramme auch schon im Kindergartenalter)
Aufenthaltsdauer: > 2 Stunden
Wetter: auch bei schlechtem Wetter

Stiftsmuseum Xanten (direkt neben dem Dom)
Kapitel 21, 46509 Xanten
Telefon 0 28 01/9 87 78 20
Telefax 0 28 01/9 87 78 22
info@stiftsmuseum-xanten.de
www.stiftsmuseum-xanten.de
GPS: 51°39'45.35"N, 6°27'9.58"E

Öffnungszeiten: Di–Sa: 10–17 Uhr
Sonn- und Feiertag: 11–18 Uhr

Preise: Tageskarte (das Museum darf zwischendurch verlassen und wieder betreten werden): Erw. 4 €, ermäßigt 3 €, Kinder unter 18 Jahren frei
Anreise: B 57 Richtung Xanten, in Xanten den Hinweisschildern „Dom" folgen.
Parkgelegenheit: günstig gelegene Parkplätze: P 4, 6, 7, 10, 12, 13 und 22.
Behindertenparkplatz: Am Dom, Berechtigungskarte an der Kasse
Öffentliche Verkehrsmittel: von Xanten Bahnhof mit den Bussen SL 40 und 42 zur Haltestelle Dom (Direktverbindung) oder 10-minütiger Fußweg vom Bahnhof.
Kinderwagen-/Rollstuhl: problemlos zugänglich
Gastronomie: zahlreiche Restaurants und Cafés in der Nähe
WC/Behinderten-WC: vorhanden
Wickelstation: geplant

Tatsächlich – hier wird für Kinder ganz viel geboten! Im Schatten des Doms beginnt eine Zeitreise durch 2000 Jahre Kirchengeschichte. Der Eintritt für Kinder ist nicht nur kostenlos – sie bekommen auch noch einen Audioguide, auf dem Kinder in Kinderworten Erklärungen zu verschiedenen Ausstellungsstücken abgeben (auf die Kindersymbole und die roten Zahlen an den Objekten achten!) und ein schönes Entdeckerhandbuch, mit dem sie auf Entdeckungstour gehen und verschiedene Rätsel lösen können. Die Eltern bekommen indes einen Lösungszettel zugesteckt. Und es gibt viel zu sehen, das ehrfürchtig staunen lässt: Während wir Erwachsene echte Reliquien bestaunen, entdecken Kinder goldene Schatzkästchen, St. Georg und den Drachen, den Bischof Nikolaus und die unglaublich feinen und vielfältigen Muster der Stoffe, aus denen die kirchlichen Gewänder angefertigt sind. Zu guter Letzt bestaunen wir alte Handschriften, wichtige Dokumente und die ersten Buchdrucke. Und haben alle interessante und schöne Dinge gesehen und noch etwas gelernt! Informationen zur Museumspädagogik auf der Internetseite.

Royal Air Force Museum in Weeze-Laarbruch

45 Jahre britisches Militär am Niederrhein

Altersempfehlung: > 9 Jahre
Aufenthaltsdauer: > 1 Stunde
Wetter: auch bei schlechtem Wetter

auf dem Gelände des Airport Niederrhein
Flughafen-Ring 6, 47652 Weeze
Telefon H. Hartmann 0 28 37/9 53 01
laarbruch-museum@t-online.de
www.laarbruch-museum.net
GPS: 51°35'40.52"N, 6° 9'44.80"E

Öffnungszeiten:
Mai–Sept.: Mi–So 14–17 Uhr
Okt.–Mitte Dez./Feb.–April: Fr–So 14–17 Uhr
Winterpause: Mitte Dezember – Ende Januar
Preise: 2 €/Person, bis 14 Jahre frei
Gruppen: nach Voranmeldung ab
10 Personen 2 €/Person

Anreise: ab Weeze oder Kevelaer den Schildern zum Flughafen Weeze folgen. Auf dem Flughafengelände dem Flughafenring nach rechts folgen (Richtung Ankunft/Abflug/Parkplätze). Das Museum befindet sich nach 150 Metern auf der rechten Seite.
Parkgelegenheit: direkt vor der Tür (GPS 51°35'40.44"N, 6° 9'43.24"E)
Behindertenparkplatz: unmittelbar vor dem Eingang, beschriftet mit „Padres Only"
Öffentliche Verkehrsmittel: Bus 73, SL17, SW1 zum Airport Weeze, Haltestelle „Museum"
Kinderwagen-/Rollstuhl: barrierefrei

Gastronomie: im Flughafen
WC: vorhanden
Behinderten-WC: im Flughafen
Wickelstation/Kindergeburtstag: –

In 45 Jahren (1954–1999) haben die britischen Soldaten und ihre Angehörigen sich hier ein Zuhause geschaffen, dann ging eine Ära zu Ende. Dieses Museum (Beiname: Museum für Frieden und Freundschaft) zeigt mit Hilfe von Dioramen, Bildern, Schriftstücken und vor allem Original-Ausstellungsstücken alle Facetten dieser Zeit, von der Vorgeschichte (sehr interessant: bereits im März 1945 gab es hier den ersten Feldflugplatz auf deutschem Boden) über die verschiedenen hier stationierten Flugzeugtypen bis hin zum Alltag und zur Integration in die umliegenden Ortschaften. Es gab hier beispielsweise einen eigenen Kindergarten, eine Schule und einen Kino- und Theatersaal. Auch die Queen kam zu Besuch, und die Soldaten waren als erfolgreiche Sportler in Weezer Sportvereinen und im Schützenverein aktiv. Für Kinder besonders interessant: Zwei echte Flugzeugcockpits (Canberra T4 und Buccaneer) werden in den Ausstellungsräumen, in denen sich übrigens zu Royal-Air-Force-Zeiten eine Kirche befand, im Original ausgestellt – um sie in das Gebäude zu bugsieren, musste sogar ein Stück Wand abgerissen werden. Mit eigenen Augen kann der Besucher Uniformen, Flugabwehr und vor allem Schleudersitze und ihre Technik bestaunen, aber auch Raketen, eine erbeutete russische Flak aus dem Irak-Krieg, Flugabwehrgerät, Aufklärungsmaterial und Tarnvorrichtungen. In einem Diorama wird ein Unfall nachgestellt, der sich tatsächlich ereignet hat. Für Kinder gibt es genug zu bestaunen aus einer Ära, die für sie schon vergangen, exotisch und aufregend erscheint. Gleichzeitig wird nur allzu deutlich, wie dankbar wir sein können: für den Beistand der Briten zu Zeiten des Kalten Krieges und dafür, dass wir uns heute schon so sehr an den Frieden gewöhnen durften.

39

Im Shop gibt es lizenzierte Geschenkartikel, Literatur, Fotokarten, Modelle und vieles mehr. Nach der Besichtigung des Museums bietet es sich an, noch den Flughafen zu besuchen und dort startenden und landenden Maschinen zuzuschauen. Das dortige Terminal wurde übrigens 1954 aus Bremen herbeigeschafft und war vorher eine U-Boot-Halle.

Aussichtsturm in Sonsbeck

Aus 100 Metern Höhe in die Ferne schauen

"Bergrücken" auf der rechten (aus Sonsbeck kommend) bzw. linken Seite (aus Xanten kommend) ein Parkplatz. Hier parken und etwa 450 m Richtung Sonsbeck an der Xantener Straße entlanglaufen. Dort rechts hoch (Wegweiser "Aussichtsturm"), dann nach links dem Weg in den Wald hinein folgen. Der Aussichtsturm liegt am Ende des Waldes jenseits der Kuppe auf der rechten Seite.

Altersempfehlung: > 6 Jahre
Aufenthaltsdauer: > 0,5 Std.
Wetter: bei schönem Wetter

Standort: Auf dem Dürsberg (im Wald), 47665 Sonsbeck
GPS: 51°37'28.48"N, 6°23'4.35"E

Öffnungszeiten: jederzeit frei zugänglich
Preise: kostenlos
Anreise: an der L 480 (Xantener Straße, Beschilderung Richtung Xanten bzw. Sonsbeck) befindet sich auf Höhe der Einmündung

Parkgelegenheit: Parkplatz L 480, Einmündung "Bergrücken" (oben beschrieben)
GPS 51°37'39.13"N, 6°23'42.55"E
Behindertenparkplatz: –
Öffentliche Verkehrsmittel:
Buslinie 36, Haltestelle "Bergrücken"
Kinderwagen-/Rollstuhl: nur über die Straße "Bögelscher Weg" und mit Schieben möglich (rechts halten, sobald man am Dürsberg vorbei ist)

Nicht einmal einen Kilometer nördlich von Sonsbeck, auf dem Dürsberg am Rand der "Sonsbecker Schweiz" und schon von Weitem zu sehen, befindet sich ein hölzerner Aussichtsturm mit 154 Stufen. Wer ihn besteigt, hat den Höhenangst-Test bestanden und wird mit einem grandiosen Rundumblick über den ganzen Niederrhein belohnt. Felder, Wiesen, die Wälder des Marienbaumer Hochwaldes, des Tüschenwaldes und der Sonsbecker Schweiz sind ebenso zu sehen wie die umliegenden Ortschaften, allen voran Sonsbeck und Xanten mit ihren Kirchtürmen. Der Weg dorthin ist nicht weit, bringt aber schon etwas Steigung mit sich und führt durch ein schönes Wäldchen. Hier findet man im Herbst auch Kastanien. Die Erhebung an sich ist schon 87 Meter hoch, auf dem Aussichtsturm befindet man sich auf etwa 100 Metern Höhe. Sie können sogar noch etwas lernen: Rund um den Dürsberg gibt es Infotafeln über Untergrund und Rohstoffe im Raum Sonsbeck. Wer noch Energie übrig hat, kann die umliegenden Ortschaften oder Wälder erkunden. Für Radfahrer ist die Strecke durch den Hohlweg (Dassendahler Weg) nach Labbeck interessant.

Naturpfad Kranenburger Bruch

Entdeckungstour in Niedermoor und Bruchwald

Öffnungszeiten/Preise: frei zugänglich
Anreise/Parkgelegenheit: Parkplatz an der B9 (von Kleve und Nütterden kommend hinter dem Bahnübergang auf der rechten Seite, Kreuzung B9/Tütthees/Kurze Hufen), GPS 51°46'57.10"N, 6° 1'58.21"E

Lage: in der Niederung zwischen Nütterden und Kranenburg
Altersempfehlung: > 7 Jahre
Aufenthaltsdauer: > 1 Stunde
http://dev.natur-erleben-nrw.de/standard-content/natura-2000/gebiete-und-regionen-in-nrw/details/gebiet/Area/show/6/

Behindertenparkplatz: nicht separat ausgewiesen, genügend Parkfläche vorhanden.
Öffentliche Verkehrsmittel: Buslinie SB58, Haltestellen „Tütthees" oder „B9 Bahnübergang"
Kinderwagen-/Rollstuhl: teilweise geeignet
Gastronomie/WC/Wickelstation: –

Der Weg von Nütterden nach Kranenburg ist auch ohne Naturlehrpfad abwechslungsreich und landschaftlich reizvoll. Die 3 km lange Runde durch den Kranenburger Bruch erklärt uns, warum es uns hier so gut gefällt. Oder hätten Sie gewusst, dass Sie gerade durch einen Erlenbruch laufen? Dass es sich bei dieser Landschaft um ein Niedermoor handelt, weil das Sickerwasser aus dem Reichswald hier, im „Armenveen" am tiefsten Punkt von Nordrhein-Westfalen, an der Oberfläche austritt? Da dieses Gebiet landwirtschaftlich extensiv genutzt wurde und teilweise der Natur überlassen blieb, konnten sich hier seltene Tiere und Pflanzen ansiedeln. Es haben sich unterschiedliche Lebensräume am Wasser, auf der Wiese und im Bruchwald entwickelt, die es an den verschiedenen Stationen zu entdecken gilt. Wem die Strecke zu lang ist, der kann auch einfach ein Teilstück genießen und dann zum Parkplatz zurückkehren. Sehr spannend ist beispielsweise die Vogelbeobachtungshütte (Station Gewässer), die an letzter Stelle des Naturlehrpfads steht, sich aber direkt am Parkplatz befindet. Und manchmal ist es auch einfach eine neugierige Kuh auf einer Wiese, die kleine Herzen höher schlagen lässt.

Die NABU hat zwei Faltblätter zum Kranenburger Bruch herausgegeben – eines für Erwachsene und eines für Kinder, erhältlich unter anderem bei den Touristen-Informationen in Kleve und Kranenburg. Unbedingt mitnehmen, denn hier wird alles genau erklärt!

Maasduinen
Reindersmeer, NL-Well

Spielen, matschen, toben und lernen am See

Lage: das Reindersmeer liegt etwa 10 km westlich von Kevelaer im Nationalpark Maasduinen.

Altersempfehlung: 0–99 Jahre

Aufenthaltsdauer: > 2 Stunden

www.np-demaasduinen.nl

www.limburgs-landschap.nl

Facebook: www.facebook.com/Nationaal-ParkDeMaasduinen

GPS (Parkplatz): 51°34'28"N, 6° 5'9"E

Öffnungszeiten:/Preise:

jederzeit frei zugänglich

Anreise: von Kevelaer aus auf der L361 (Wember Straße)/L486 insgesamt etwa 10 km in Richtung Well fahren – die Grenze in die Niederlande überqueren und der Straße noch weitere 4 km folgen. Am Stoppschild rechts abbiegen auf die N271 (Moleneind/

Bosserheide), nach 2,8 km erneut rechts abbiegen (Oude Baan). Dieser Straße 350 Meter folgen und erneut rechts abbiegen. Hinter der Brücke und der Schleuse befindet sich links der Parkplatz am Besucherzentrum. Behindertenparkplatz vorhanden.

Öffentliche Verkehrsmittel: Buslinie 83 (Venlo-Nijmegen), Haltestelle „Halve Maan" (1300 m)

Kinderwagen-/Rollstuhl: Gut geeignete Wege

Gastronomie: im Besucherzentrum (www.bosbrasserieindesluis.nl)

WC:/Behinderten-WC: vorhanden

Wickelstation: im Behinderten-WC

Kinderaktivitäten:

www.limburgs-landschap.nl/kinderhoek (niederländische Seite) – bis auf ein Angebot ist alles kostenlos buchbar.

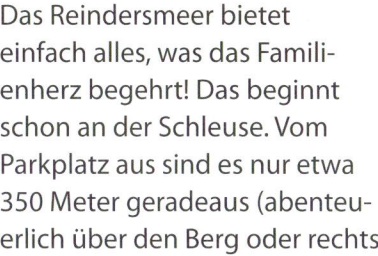

Das Reindersmeer bietet einfach alles, was das Familienherz begehrt! Das beginnt schon an der Schleuse. Vom Parkplatz aus sind es nur etwa 350 Meter geradeaus (abenteuerlich über den Berg oder rechts vorbei auf dem ausgebauten Rad- und „Kinderwagen"-Weg) zum riesigen Waldspielplatz. Meine Empfehlung: Steigen Sie erst einmal die Treppe hinunter in die Schleuse hinein und laufen Sie auf der anderen Seite wieder hoch (mit dem Kinderwagen kann man entweder die Brücke über- oder das Besucherzentrum durchqueren). Bereits in der Schleuse werden eine Menge Informationen vermittelt (zum Teil sogar auf Deutsch), indem sie einfach in verschiedenen Sprachen auf die Wände geschrieben wurden. Dort beginnt ein Naturerlebnispfad

durch ein lichtes Wäldchen, der von zahlreichen Spielmöglichkeiten begleitet wird. Hier kann man bereits nach Herzenslust spielen und matschen! Nach etwa 400 Metern gelangt man an eine Brücke. Ginge man links weiter, könnte man auf einem 8 km langen Weg (abgekürzt über die Zugfähre 4 km) die Natur erkunden. Mit kleineren Kindern kann man sich gut rechts halten und gelangt über die Brücke mit wunderbaren Blicken über den See, Schleuse und Besucherzentrum zum Waldspielplatz „De Boskoel", einem großen Gelände voller Hügel, Täler und Brücken. Hier kann man endlos klettern, toben, spielen und picknicken. Dahinter (links halten) erstreckt sich eine Halbinsel mit schönen Wegen und Plätzen am Steilufer, an deren Spitze sich eine Zugfähre (niederländisch: trekveer) befindet, die mit Hilfe von Seilen und einer Kurbel das Übersetzen ermöglicht. Ein großer Spaß für Kinder! Die Entfernung zum anderen Ufer ist allerdings etwa 120 Meter – man sollte schon etwas Ausdauer besitzen. Für müde Beine gibt es vom Spielplatz aus den geraden Weg zurück – geradeaus über den Berg mit Aussichtsplattform und geschnitzten Tierfiguren.

Tipp: Verpassen Sie nicht das Besucherzentrum! Dort gibt es abwechslungsreich dargebotene Informationen (das macht auch vor den Toiletten nicht Halt!), ein Restaurant mit Ausblick und einer sehr vielseitigen Speisekarte (im Winter Kaiserschmarrn) und Tischen, wie man sie sicher noch in keinem Restaurant gesehen hat. Sehr schön mit Kindern ist auch das Eendenmeer, ebenfalls mit großem Spielplatz.

Naturschutzgebiet Millingerwaard

Wo die wilden Tiere leben

Lage: in den Niederlanden hinter dem Grenzübergang Kleve-Keeken/Bimmen/Millingen am Rhein zwischen Millingen und Kekerdom
Altersempfehlung: ab 5 Jahre
Aufenthaltsdauer: > 3 Stunden
www.millingerwaard.info
Öffnungszeiten und Eintrittspreise:
frei zugänglich
Mit dem Fahrrad kommt man über den Deich direkt an das Naturschutzgebiet heran.
Parkgelegenheit:
1. kostenlos an der Botsestraat zwischen Millingen und Kekerdom
GPS 51°51′57″N 6°1′22″E
Von hier einfach den Deich überqueren.
2. für 3 € in Kekerdom in der Weverstraat unterhalb des Duffeltdijk (in der Nähe der Kirche), GPS 51°51′48″N 6° 0′ 17″E
Von dort geht man den Deich hinauf (mit Blick auf die Kirche), rechts über den Deich und gleich wieder links ins Naturschutzgebiet

In der Nähe des Parkplatz befindet sich das Wildniscafé.
Öffentliche Verkehrsmittel: Linie 60 bis Millingen Grenskantoor, dann Linie X080 oder X082 bis Kekerdom, Weverstraat. Zum Deich laufen.
Kinderwagen-/Rollstuhl: nur die Strecke von Kekerdom zum Theetuin ist gut befahrbar. Vorsicht mit den Wildgittern am Eingang des Naturschutzgebiets! Der Theetuin selbst ist nur über eine Treppe zu erreichen.

Gastronomie:
Wilderniscafé de Waard van Kekerdom
Weverstraat 94, NL-6579 AG Kekerdom
Telefon 00 31-6-50809979 of via
info@waardvankekerdom.nl
http://www.waardvankekerdom.nl/
Öffnungszeiten: ganzjährig 10–22 Uhr (Lunch, Diner, Getränke)
In der Nähe des Waalstrands gibt es ein Teehäuschen.

Wer sich in diesem Naturschutzgebiet aufhält, wünscht sich, selbst ein Tier zu sein, das hier frei leben darf. Es gibt Wildpferde und freilebende Galloway-Rinder, zahlreiche Wildvögel und seltene Pflanzen wie Schwarzpappeln und Stromtalflora wie Wieselsalbei und wilde Brachdisteln. Der Besucher hat die Wahl zwischen breiten Wegen und schmalen Pfaden. Unterwegs gibt es umgestürzte Bäume zum Balancieren und Untersuchen. In der Mitte des Gebiets liegt ein Vogelbeobachtungsposten (GPS 51°51′58″N 6°0′16″E), und wer das ganze Gelände durchquert hat, gelangt an einen hellen Sandstrand am Rhein, der hier allerdings schon Waal heißt. Am Ufer stehen knorrige Schwarzpappeln, deren Wurzeln vom Hochwasser freigespült wurden und wie Stelzen aus dem Sand ragen. Spätestens hier fangen die Kinder an zu klettern. An einem Baum ist eine Schaukel befestigt – nicht nur für die Kleinen ein Vergnügen. Wenige Meter weiter befindet sich ein beliebtes Teehäuschen.
Das größte Abenteuer aber bleibt die Begegnung mit der Natur – und mit etwas Glück begegnet man tatsächlich den Rindern und Pferden.

Etwas weiter westlich am Waalstrand ragen schwarze Stämme senkrecht in dem Himmel: Woodhenge – diese Stämme (Eichen und Schwarzpappeln) wurden bei Ausgrabungen gefunden und sind 8500 Jahre alt!

TIPP: Das Gelände ist groß, man verliert leicht die Orientierung. Am besten nimmt man jemanden mit, der sich bereits auskennt, oder einen Kompass/ein GPS-Gerät. Im Teehäuschen und im Wildniscafé wird auch eine Karte des Gebiets verkauft. Anschließend kann man den Tag schön auf dem Spielplatz in Millingen (S. 72) ausklingen lassen.

Naturerlebnispfad Weeze

Mit Spiel und Spaß über Stock und Stein

Lage: am Rande von Weeze, unweit der B9, erreichbar unter anderem über den Tierpark
Altersempfehlung: > 3 Jahre
Aufenthaltsdauer: > 1 Stunde
www.weeze.de (unter Tourismus/ „Weeze erleben")
GPS (Startpunkt): 51°37'43.47"N, 6°12'21.58"E

Öffnungszeiten/Preise: frei zugänglich
Anreise: B9 aus Goch kommend 1. Ampel nach dem Ortseingang rechts Richtung Weeze Zentrum (Fährsteg, aus Kevelaer kommend 2. Ampel links). Links ist bereits der Parkplatz des Tierparks.
Zu Fuß dem Hauptweg durch den Tierpark folgen – immer geradeaus, bis der Weg nach links abknickt (hier ist der Naturerlebnispfad schon ausgeschildert). Dem Weg folgen und unter der Brücke hindurchgehen. Hier beginnt der Naturerlebnispfad.

Parkgelegenheit: am Tierpark Weeze (GPS 51°37'51.36"N, 6°12'7.83"E)
Behindertenparkplatz: nicht separat ausgewiesen, genügend Parkfläche vorhanden.
Öffentliche Verkehrsmittel: Deutsche Bahn/ Buslinie SW1, Bahnhof Weeze/Haltestelle Weeze Bf, ca. 1700 m Fußweg
Kinderwagen-/Rollstuhl: der Weg geht über Stock und Stein – keine Empfehlung für Rollstühle. Ein Kinderwagen sollte geländegängig sein und muss kräftig geschoben werden. Die Kletter- und Balanciermöglichkeiten sind über den „Vorselaerer Weg" barrierefrei erreichbar.
Gastronomie: Automat im Tierpark
WC: im Tierpark
Behinderten-WC: im Tierpark
Wickelstation: im Tierpark

Ich kann balancieren!

Durch die B9-Unterführung gelangen wir vom Tierpark Weeze (S. 78) direkt zum Startpunkt des Naturerlebnispfads. Schon der Waldweg an sich macht Spaß, denn es geht schön abwechslungsreich über Stock und Stein. Daneben gibt es eine Menge Informationen und Erlebnisstationen, die man unbedingt alle ausprobieren sollte, wie einen Barfußpfad, Waldmikado, Klanghölzer und am Waldrandparcours (Stationen 6 und 7) einen Klettergarten, weitere Geschicklichkeitsübungen, Tierweitsprung und Zapfenzielwurf. Damit der Weg nicht zu lang wird, gibt es unterwegs wunderbar geschnitzte Sitz- und Liegegelegenheiten direkt am malerischen Niers-Altarm. Weitere Stationen sowie eine Fortführung und Verlängerung des Weges am Ufer entlang werden kurzfristig umgesetzt.

Den Tag kann man wunderbar mit einem Besuch des nahegelegenen Spielplatzes im Park am Fährsteg (S. 73) oder in der besonders beliebten Eisdiele (Alpago, Kevelaerer Straße 25) ausklingen lassen.

Walderlebnispfad „Sieben Quellen"

Wasser, Brücken und Naturerlebnis für die (sieben) Sinne

Lage: im Reichswald südlich der Nimweger Straße/Römerstraße, an der Ortsgrenze zwischen Kleve und Kranenburg-Nütterden (GPS 51°47'6.36"N, 6° 4'39.53"E)

Altersempfehlung: 1–99 Jahre

Aufenthaltsdauer: > 1 Stunde

Öffnungszeiten/Preise: frei zugänglich

Anreise: B 9 Kleve – Kranenburg – am B9-Kreisverkehr in Nütterden in den Schaafsweg abbiegen (nach Süden), am Ende des Schaafsweg rechts abbiegen. Der Parkplatz befindet sich sofort auf der linken Seite. Auf dem Parkplatz den kleinen Weg wählen, der rechts an der Schutzhütte beginnt.

Parkgelegenheit: Parkplatz an der Nimweger Straße/Römerstraße (aus Kleve kommend linke Seite), Höhe Nütterden Schaafsweg (GPS 51°47'12.30"N, 6° 4'43.86"E)

Behindertenparkplatz: nicht separat ausgewiesen, genügend Parkfläche vorhanden.

Öffentliche Verkehrsmittel: Buslinie SB 58, Haltestelle „Nütterden Siedlung", den Schaafsweg entlang laufen (Entfernung ca. 1 km) oder Linie 55, Haltestelle „Pastor-Siebers-Straße", zur Römerstraße laufen und nach links der Römerstraße bis zum Parkplatz folgen (Entfernung ca. 800 m)

Kinderwagen-/Rollstuhl: In diesem Fall vom Parkplatz aus den Hauptweg (links, gleich gegenüber der Auffahrt) wählen und nicht den Pfad an der Schutzhütte. Auf dem Hauptweg immer rechts halten, dann gelangt man im einem 180°-Rechtsbogen zu den Sieben Quellen.

Gastronomie/WC/Wickelstation: –

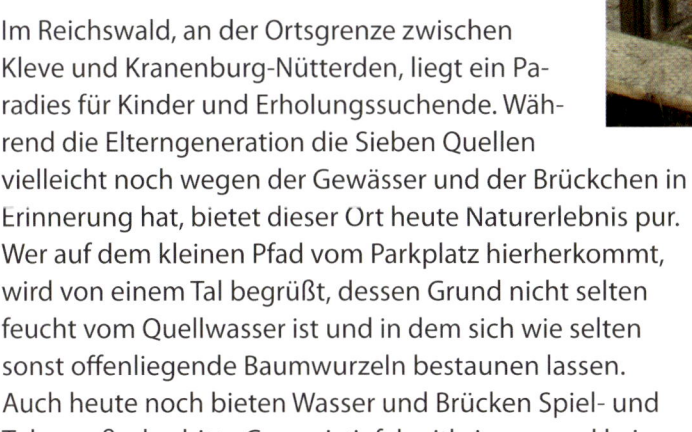

Im Reichswald, an der Ortsgrenze zwischen Kleve und Kranenburg-Nütterden, liegt ein Paradies für Kinder und Erholungssuchende. Während die Elterngeneration die Sieben Quellen vielleicht noch wegen der Gewässer und der Brückchen in Erinnerung hat, bietet dieser Ort heute Naturerlebnis pur. Wer auf dem kleinen Pfad vom Parkplatz hierherkommt, wird von einem Tal begrüßt, dessen Grund nicht selten feucht vom Quellwasser ist und in dem sich wie selten sonst offenliegende Baumwurzeln bestaunen lassen. Auch heute noch bieten Wasser und Brücken Spiel- und Tobespaß, also bitte Gummistiefel mitbringen und keine guten Sachen anziehen! Am südlichen Rand öffnet sich ein großer Picknickplatz mit etlichen der insgesamt 14 Walderlebnis-Stationen. Nun erfahren wir, welche Spannweite wir selbst haben und mit welchem Vogel wir uns messen können. Natürlich will jeder der Adler sein! Es gibt eine Tier-Weitsprung-Grube, einen Barfußpfad, Klanghölzer, ein Bienenhotel, einen Dschungelpfad und noch viel mehr. Unbedingt ausprobieren sollte man auch das Baumtelefon. Es ist beeindruckend, wie gut das Holz den Klang transportiert. Ein leises Klopfen am einen Ende kommt laut und deutlich am anderen Ende des Baumstamms an, auf dem nebenbei noch gern balanciert wird. Ganz neu ist eine 210 Jahre alte Baumscheibe, an der sich historische Ereignisse ablesen lassen und die einen Granatsplitter in sich trägt. Die Sieben Quellen sind seit jeher ein Ort, an dem man seine Seele baumeln lassen kann.

Am Dschungelpfad versteckt liegt ein sehr schöner Geocache mit interessanten Suchaufgaben für Kinder. Wer den Tag noch nicht beenden möchte, kann im Reichswald spazieren gehen oder in Nütterden auf dem Dorfplatz am Brunnen Rast machen – hier gibt es sehr leckeres Eis!

Einmal um die Ecke schauen – zu Fuß unterwegs

Ideen für Spaziergänge und Streifzüge

Es muss nicht immer ein festes Ausflugsziel sein. Der Niederrhein hat sowohl von seiner Landschaft als auch von seinen Städten her viel zu bieten. Hier sollen einfach nur Anregungen gegeben werden, wo es sich lohnt, sich in Ruhe umzuschauen. Auch diese „Sammlung" erhebt natürlich keinerlei Anspruch auf Vollständigkeit.

Beginnen wir an der Niers. Hier gibt es besonders viele Möglichkeiten, nicht nur zum Paddeln, sondern auch zum Wandern, Radfahren, Eselwandern (S. 12), mit der Fähre (S. 19) übersetzen und für einen einfachen Spaziergang mit Picknick über den Nierswanderweg. Spaß macht es auch, von einem Ort zum anderen zu wandern, wobei man sich natürlich vorher um den Rücktransport kümmern sollte. Das ist praktisch an jedem Punkt möglich, an dem man zur Niers gelangt, denn schön ist es hier immer. Sehr gute Startpunkte sind Asperden und Kessel. Hier gibt es auch die Möglichkeit, an der Niers entlang zu laufen und auf dem Rückweg noch den Reichswald zu erkunden. (Parkmöglichkeit: in Kessel an der Kirche – am Kaiser-Otto-Platz/Stephanusweg gibt es einen Wanderparkplatz, GPS 51°42'33.12"N, 6° 4'22.10"E.) An der Kirche vorbei zur Niers laufen, ein Grasweg führt nach rechts bis zur nächsten Brücke. Wem das zu anstrengend ist, der kann auch kurz vor dem Niersufer rechts dem Feldweg folgen (Stiftsweg). Nach 450 m führt links ein Weg zur Niersbrücke. Ab hier sind die Wegverhältnisse besser. In Asperden gibt es zwei gut geeignete Parkplätze: Einen im Wald und einen 100 m „bergab" in der Nähe der Niers. Beide sind von der Triftstraße aus

erreichbar und liegen auf der Höhe Asperberg/Reithof Hüsch (GPS 51°42'34.73"N, 6° 7'40.36"E) beziehungsweise Eycksche Straße (GPS 51°42'27.76"N, 6° 7'33.72"E). An dieser Stelle führt der Nierswanderweg am anderen Ufer der Niers entlang, aber Wege gibt es auf beiden Seiten.) Mit Rollstuhl und Kinderwagen sollte man am besten dem ausgeschilderten Nierswanderweg folgen, andere Uferwege sind oft schwieriger begehbar.

Nördlich von Asperden und Kessel erstreckt sich der Reichswald (Karte: Innenklappe hinten) bis nach Kleve, Kranenburg und in die Niederlande hinein. Ihn zu erkunden macht einfach Spaß, allerdings ist er so groß, dass die Orientierung eine große Rolle spielt. Am besten eine Karte, ein GPS-Gerät oder einen Kompass mitnehmen oder einfach den gleichen Weg zurücklaufen, den man gekommen ist. Auch der Reichswald ist eigentlich überall schön. Er kann sehr gut mit dem Fahrrad durchquert werden und bietet zahlreiche Reitwege. An den unterschiedlichsten Ecken gibt es Parkplätze. Ein großer Spaß für Kinder sind natürlich die Sieben Quellen (S. 48) und in der Nähe des Kartenspielerwegs (Parkplatz: B 504 Kranenburg-Goch (Kranenburger Straße), rechts ab in den Kartenspielerweg, GPS 51°43'53.77"N, 6° 2'4.32"E) findet man auf den Wegen so viele Wildschweinspuren, dass ein Spaziergang zur abenteuerlichen Fährtensuche wird.

Allerdings sollte man dann auch damit rechnen, wirklich Wild zu begegnen. In Frasselt am Forsthaus (Parkplatz: B 504 Kranenburg-Goch, rechts ab in die Gocher Straße Richtung Frasselt, nach etwa 1 km befindet sich links der Parkplatz, GPS 51°45'44.47"N, 6° 1'33.72"E) sehen die Wege schon bald abenteuerlich und spannend aus, und an den Ehrenfriedhöfen an der Groenewald-straße („Kriegsgräberstätte" ausgeschildert, GPS 51°44'28.06"N, 6° 4'53.86"E) und in Donsbrüggen (von der Nimweger Straße aus ausgeschildert, GPS 51°47'34.42"N, 6° 5'29.87"E) lässt sich Geschichte atmen und erspüren. 250 Meter westlich der Kriegsgräberstätte in Donsbrüggen öffnet sich der Wald zu einer Pferdeweide – von dieser Ecke (mit Bank) hat man einen wunderschönen Blick auf Nütterden. Dieses Stück Reichswald ist so überschaubar, dass man keine Sorge haben muss, sich zu verlaufen, und trotzdem sehr reizvoll. Bei Spaziergängern sehr beliebt ist auch auf der anderen Seite der Nimweger Straße das sich bis zur Esperance erstreckende Gelände des ehemaligen Truppenübungsplatz, der langsam von der Natur zurückerobert wird. Wer von einem Ziel zum anderen laufen möchte, kann sehr schön geradeaus vom Parkplatz am Wolfsberg (Kranenburg-Nütterden, von der Römerstraße aus ausgeschildert, GPS 51°46'20.06"N, 6° 3'47.74"E) zum Treppkesweg (Kleve-Materborn, Treppkesweg einfach westlich bis zum Waldparkplatz entlangfahren, GPS 51°46'29.72"N, 6° 5'34.07"E) laufen – auch hier den Rücktransport nicht vergessen! Kartenmaterial, Faltblätter, Wandervorschläge und ein Waldführer sind über den NABU erhältlich (der Führer auch im Buchhandel, die Faltblätter in den Touristikinformationen) und stehen auch auf der Seite http://www.waldgeschichte-euregio-rheinwaal.de zum Download bereit.

Ganz andere Erlebnisse erwarten uns rund um Kranenburg. Nördlich von Kranenburg beginnt die Niederung, im Winter die Heimat tausender Wildgänse, während im Sommer an mehreren Orten Störche nisten (die Zyfflicher Störche waren die ersten im Klever Land). Das Ortszentrum von Kranenburg wird südlich vom Rütterswall begrenzt, große Teile der Stadtmauer sind noch erhalten und bewohnt. Hier gibt es einen Spielplatz, Grünanlagen und einen von Linden gesäumten Rundweg. Am Bahnhof gibt es nicht nur ausgiebige touristische Informationen, hier kann man auch mit der Grenzland-Draisine (S. 20) fahren (Reservierung erforderlich). Für Kinder ist hier ein Faltblatt mit einer Stadtrallye erhältlich, die uns an verschiedene Orte führt und in der spannende Fragen zu beantworten sind. Das Museum Katharinenhof im historischen

Ortskern bietet drei unterschiedliche Standorte. Mit Kindern ist sicherlich eine Besichtigung des Mühlenturms und der Stadtscheune interessant (www.museumkatharinenhof.de). Auch die Märchenführung ist eine Veranstaltung, die alle Teilnehmer nicht so schnell vergessen werden (Termine finden Sie unter www.kranenburg.de – Veranstaltungskalender – Veranstaltungstyp: Führungen)! Für Familien mit Kindern ab fünf Jahren konzipiert ist die geführte Fahrradtour „Vom Erzeuger bis zum Verbraucher", die verschiedene Höfe und Produktionsbetriebe anfährt. Auf der nördlichen Seite des Ortskerns beginnt ein Weg in Richtung Nütterden (rechts halten, der Weg verläuft etwa parallel zur B9), der auch durch den Kranenburger Bruch (S. 41) führt.

Im Norden von Kleve befinden sich der Naturpark Kellen und die alte Bahnstrecke nach Griethausen. Die (auch gut mit Kinderwagen und Rollstuhl befahrbare) Runde um den See und durch ein kleines Wäldchen ist wunderschön, überschaubar und bietet viele kleine und große Freuden. Nicht selten gibt es Schwäne, Enten und Wasservögel zu beobachten, und an einer Stelle kann man auf einem kleinen Sandstrand am Wasser spielen (bitte immer gut aufpassen, wenn die Kinder noch nicht schwimmen können!). In der Parklandschaft gibt es ein Hühnergehege, an dem gerade kleine Kinder besondere Freude haben, und mehrere Bänke zum Ausruhen und Picknicken. Am letzten Sonntag vor den Ferien findet hier ein großes Kinderfest mit Spielen, einer Tombola und sehr familienfreundlichen Getränkepreisen statt. Außerdem wurde bei Drucklegung dieses Buches bereits mit dem Bau eines eingezäunten Spielgeländes mit Sandkasten begonnen. (Parkgelegenheit: „Hoher Weg" bis zum Ende durchfahren, GPS: 51°48'9.38"N, 6° 9'11.55"E.) Wer noch nicht genug hat, kann vom Parkplatz aus noch weiterlaufen und trifft nach 220 Metern auf die alte Bahnstrecke nach Griethausen. Läuft man hier nach rechts, führt der gut ausgebaute Weg zunächst zwischen Büschen und Bäumen hindurch, wobei der eine oder andere Pfad und höhlenartige, überhängende Büsche zum Erkunden einladen. Wer möchte, kann so durch die Felder bis nach Griethausen zum Altrhein und noch weiter laufen.

Befindet man sich in Kleve, ist es – nicht nur, aber gerade auch – mit Kindern sicherlich wissenswert, dass es eine Broschüre „Die Nette Toilette" gibt – herausgegeben vom Kleve Marketing und in der Tourist Information erhältlich (so wie übrigens auch

Niederrhein-Malbücher und Prospektmaterial für die „Großen"). Hier erfährt man, in welchen Geschäften und an welchen Orten man „einfach so" auf die Toilette gehen kann. In der Innenstadt gibt es den Lohengrin-Brunnen, zahlreiche Schwäne zum Ausruhen (Kinder nutzen sie auch gerne zum Klettern), Wipptiere und natürlich auch Automaten. Mein Tipp: Solange Kinder nicht wissen, dass die Autos sich bewegen, wenn man Geld hineinwirft, fragen sie auch nicht danach! (Irgendwann erfahren sie es, aber bis dahin hat man Geldbeutel und Nerven geschont.) Mit größeren Kindern empfiehlt sich ein Besuch des Schwanenturms (S. 34) Öffnungszeiten beachten).

Lotta erzählt: Die Sage vom Schwanenritter Lohengrin

Elsa von Brabant war sehr traurig, als ihr Vater gestorben war, weil sie jetzt ganz alleine das Land regieren sollte. Außerdem sollte sie jemanden heiraten, der sie angelogen hatte und den sie gar nicht leiden konnte. Also betete sie zu Gott, und gerade noch im richtigen Moment erschien auf dem Fluss ein Nachen (das ist ein besonderes Boot), der von einem Schwan gezogen wurde, mit einem Ritter, der ihr besonders gut gefiel. Bevor sie ihn heiratete, musste sie ihm versprechen, dass sie ihn nie fragen würde, wer er sei und wo er hergekommen sei, sonst müsste er wieder weggehen. Aber so ein Versprechen zu halten ist ja schwer, und deshalb lebten sie lange glücklich und zufrieden, bis sie dann doch zu neugierig war und ihn fragte, wer er sei und woher er komme. Und stellt euch vor: Auf der Stelle kam der Schwan mit dem Boot zu ihnen geschwommen und nahm ihren Lohengrin wieder mit. Er war für immer verschwunden, niemand hat ihn jemals mehr gesehen. Ihr könnt euch vorstellen, wie traurig sie darüber war! Aber sie hat trotzdem ihre Kinder großgezogen, und die wurden später berühmte Grafen und Ritter.

Rund um Kleve gibt es die berühmten Parkanlagen, die Johann Moritz von Nassau angelegt hat (Parkgelegenheit: Wasserburgallee, GPS 51°47′41.95″N, 6° 7′44.55″E, oder am Tiergarten, GPS 51°47′48.52″N, 6° 7′23.97″E). Die Klever sind nicht umsonst stolz auf diese beispielgebende europäische Gartenkunst, die auch Kindern Freude macht.

Nachdem man den Forstgarten durchstreift hat, kann man an den Wasserfontänen vorbei – nicht ohne den Laubengang zu erkunden – zum Kupfernen Knopf hinaufsteigen: ein steiler Weg, der Kindern sehr viel Spaß macht. Er ist nicht für Kinderwagen und Rollstühle geeignet; in diesem Fall empfiehlt es sich, an der Waldstraße (GPS 51°47'21.69"N, 6° 7'31.38"E) zu parken und „von oben" dorthin zu laufen – auch in diesem Fall muss kräftig geschoben werden. An der westlichen Seite der Wasserfontänen beginnt ebenfalls ein abwechslungsreicher Weg in den „Waldpark Neuer Tiergarten", der sich bis Donsbrüggen erstreckt. Hier kann man Hügel erklimmen, zum Beispiel den „Butterberg" mit einem kreisrunden Aussichtsplatz, und durch abenteuerliche Schluchten und Hohlwege bis nach Donsbrüggen laufen.

Auf Kleves Ostseite, am Kermisdahl (GPS 51°47'8.15"N, 6° 8'24.64"E – Parkplätze in der Nähe sind ausgewiesen) kann man Tretboot fahren und wandern (Infos unter www.cafe-koenigsgarten.de). Hier beginnt der (gut ausgebaute) Prinz-Moritz-Weg, der später in den Voltaire-Weg übergeht (zu diesen Wegen gibt es sehr gutes Prospektmaterial, erhältlich auch in den Touristen-Informationen). Für Erwachsene eine landschaftlich reizvolle Wanderung, die bis nach Moyland gehen kann. Für Kinder neben den Brücken besonders spannend: Das Moritzgrab, ein beeindruckendes Grabmal, umgeben von einem sehr schönen Waldstück, in dem man sich mit einem Seil über einen Abhang schwingen kann. Am höchsten Punkt bietet sich eine sehr schöne Aussicht bis nach Kleve, und zur Straße hin gibt es einen faszinierenden Laubengang. Das Moritzgrab ist auch Ausgangspunkt eines sehr spannenden Geocaches mit mehreren (lösbaren) Rätseln und einem besonders liebevoll versteckten Schatz. (Parkgelegenheiten: Wanderparkplatz an der Uedemer Straße/L362, GPS 51°46'19.54"N, 6° 9'1.40"E, und – näher am Moritzgrab – an der Hauer Straße direkt am Bahnübergang, GPS 51°46'20.37"N, 6°10'16.52"E).

Für eine kurze Stippvisite im Wald eignet sich auch sehr gut das kleine Waldstück in Schneppenbaum, das sich zwischen dem Gemeindezentrum (Bedburger Weg, Parken am Gemeindezentrum bei GPS 51°45'47.45"N, 6°11'25.09"E), dem Rosendaler Weg und dem Johann-van-Aken-Ring befindet. Am Ende des Voltairewegs, kurz vor Moyland, laufen wir über den Alten Postweg (gut ausgebaut und befahrbar). Hier gibt es sehr alte Inschriften in den Bäumen zu bestaunen (auch aus der Zeit vor dem 1. Weltkrieg) und genug Gelegenheit, im hügeligen Gelände zu spielen und zu klettern. Einen guten Quereinstieg bietet der Parkplatz an der Mühlenstraße (hinter dem Schwanenhof) in Schneppenbaum (GPS 51°45'35.60"N, 6°12'22.85"E). Hier oben ist der Wald auch sehr reizvoll und vielseitig. Hügelab (quer zum Hauptweg) gelangt man auf den Alten Postweg, aber „hier oben" ist es genauso schön. Ginge man hier immer weiter, käme man am Golfplatz vorbei zum Moyländer See. Dieser Weg ist definitiv nur für Fußgänger geeignet. (Ideale Parkmöglichkeiten: Am Straßenrand an der Moyländer Allee, GPS 51°44'47.22"N, 6°13'48.49"E, etwa dort, wo der Fußgänger-Durchlass zum Golfplatz ist, also nicht an der Einfahrt des Golfplatzes!) Der Weg auf der dem Golfplatz abgewandten Straßenseite führt zum Moyländer See (Distanz etwa 550m). Hier gibt es ein Hinweisschild:

Das Ufergebiet darf aus Naturschutzgründen (Brutgebiet) nur von Oktober bis März betreten werden. Bitte darauf Rücksicht nehmen, man hat auch von oben schöne Ausblicke auf den See! Umso schöner sind die Wege dann im Winterhalbjahr, zugewachsen und abenteuerlich. Es lohnt sich auch, bei Gelegenheit die Ebene zu wechseln und den See sowohl von oben als auch am Ufer entlang zu erleben. (Der See ist vom Weg aus zunächst nicht so gut zu sehen, aber am Zugang steht ein weiteres Hinweisschild.)

Eine schöne Parklandschaft mit Bachlauf finden wir rund um Kalkar. Die Ley teilt sich und fließt rund um den historischen Stadtkern, begleitet von einem gut befestigten Weg und vielen Brücken in die Innenstadt (am Markt gibt es hervorragendes Eis!). Falls Sie sich die Nikolai-Kirche anschauen, ist es für Kinder sicherlich spannend zu wissen, dass es sich bei den auf den Gemälden abgebildeten Personen teilweise um reiche Kalkarer handelt, die sich auf diese Weise „verewigen" ließen. In der Kirche bekommt man auch den schön gemachten Kinderkirchenführer namens „Raklak" („Kalkar" rückwärts gesprochen). Kinderführungen und Touren (aufregend: auch eine Taschenlampentour) speziell für Kinder können über die Touristikinformation Kalkar gebucht werden. Auf der Internetseiten sind sie unter „Freizeit und Tourismus – Stadtführungen – Themen- und Sondertouren" zu finden. Auch auf Burg Boetzelaer in Appeldorn werden spannende Themenführungen angeboten. Westlich des Kalkarer Stadtkerns, ganz nah am Parkplatz „Im Schwanenhorst" (GPS 51°44'17.03"N, 6°17'23.37"E) befinden sich zwei Spielplätze und der Stadtpark, in dem sich auch ein schöner Ententeich befindet. Am nördlichen Ortsausgang („Op de Wacht" am Kesseltor) führt ein schöner Rad- oder Wanderweg nach Wissel (Richtung Fingerhutshof).

Nördlich des Wisseler Sees finden wir eine ganz andere Landschaft, die Wisseler Dünen. Der Sand dieser Binnendünen wurde durch den Rhein angeschwemmt und dann – vermutlich im frühen Mittelalter – durch den Wind verweht und zu Hügeln aufgetürmt. Eine abenteuerliche, sehr reizvolle „Mondlandschaft", in der Kinder laufen und toben können (Parkgelegenheit in der Nähe der Hellendornstraße/Michelsdick am Rande der Dünen, GPS 51°46'19.46"N, 6°17'48.28"E).

57

In Grieth treffen wir endlich auf den Rhein. Vom Marktplatz aus gibt es einen Durchlass zum Rhein, an dem deutlich erkennbar wird, wie diese Stelle bei Hochwasser geschlossen und abgedichtet wird. Und nicht nur das: an einer Messlatte können wir ablesen, wann das Wasser wie hoch gestanden hat, und das ist wirklich beeindruckend! Am Rhein können wir die riesigen Containerschiffe beobachten, der Fähre

„Inseltreue" beim An- und Ablegen zuschauen oder damit nach Grietherort übersetzen. Beim Bummel über den Deich ist das Schifferdenkmal nicht zu übersehen, das selbst wie ein Boot aussieht und nicht nur unsere Kinder mit seinen Masten, Seilen und dem Steuer beeindruckt.

Der Marienbaumer/Uedemer Hochwald/Tüschenwald, gelegen zwischen Kalkar-Kehrum, Marienbaum, Xanten-Labbeck und Uedemerbruch, ist ein großes, sehr reizvolles Waldgebiet mit zahlreichen Wanderstrecken, Reit- und Fahrradwegen. Mit entsprechender Ausdauer lässt er sich auch durchqueren – man sollte sich jedoch nicht überschätzen und Kompass, GPS-Gerät und/oder eine Karte dabei haben. Einen idealen Einstieg bieten die zahlreichen Parkplätze. In der Nähe der „Villa Reichswald" (S. 155, GPS 51°39'27.33"N, 6°21'11.15"E) gibt es mehrere Geocaches, darunter auch einen Kindercache und einen Kreativcache.

Xanten ist ein klassisches Touristenziel und entsprechend gut darauf eingerichtet. Überall im Stadtgebiet finden sich zahlreiche Übersichtskarten und Hinweisschilder. In der Tourist Information erhält man nicht nur Prospekte und Broschüren, es gibt auch interessante Souvenirs und Bücher, auch für Kinder, beispielsweise kindgerechte Versionen der Nibelungensage. Äußerst hilfreich ist das Faltblatt „Xanten erleben", in dem

sich neben Fotos der Sehenswürdigkeiten auch ein Stadtplan befindet, auf dem diese Attraktionen eingezeichnet sind. Ein Muss bei jedem Besuch in Xanten ist natürlich der Dom, der sehr eindrucksvoll ist, ebenso wie der frei zugängliche Kreuzgang. Sehr kinderfreundlich ist das daneben liegende Stiftsmuseum (S. 37) mit besonderen Audio-Guides, und wer sich für Süßes interessiert, ist im kostenlosen Schokoladenmuseum (im Café de Fries, Kurfürstenstraße 8, Telefon 0 28 01/9 88 23 68, www.cafe-defries.de, Öffnungszeiten täglich außer Mo 11–17 Uhr) mit einer Ausstellung alter Geräte und Maschinen zur Schokoladenherstellung und einem Schokoladenbrunnen genau richtig (selbstverständlich kann man hier auch Schokolade in allen Formen und Geschmacksrichtungen kaufen). Außerhalb des Stadtkerns verläuft ein Grüngürtel mit genügend Platz zum Laufen und Spielen, auf dem sich immer wieder auch Spielgeräte finden. Absolut unverzichtbar ist auch ein Besuch in der Kriemhildmühle (S. 24). An der Xantener Nord- und Südsee gibt es die verschiedensten Wassersport- und Freizeitmöglichkeiten (Freizeitzentrum Xanten: S. 28, und Adventurepark: S. 30.) Die gut ausgebauten Wege sind problemlos mit Fahrrad, Kinderwagen und Rollstuhl befahrbar, an den Häfen in Vynen und Xanten gibt es Spielplätze und an jedem Hafen Gastronomie. Für den LVR-Archäologischen Park und das LVR-RömerMuseum (S. 8) sollte man genügend Zeit einplanen: Es lohnt sich. Auch hier gibt es nicht nur viele Dinge zu bestaunen und zu lernen, sondern auch einen großen Spielplatz mit Wasserbereich und Riesen-Hüpfkissen.

Lotta erzählt: Die Nibelungensage

Siegfried war ein sehr tapferer Ritter, und er ist in Xanten geboren. Dort im Wald soll er tatsächlich einen furchtbaren Drachen besiegt haben. Dann hat er in dem Drachenblut gebadet und wurde unverwundbar. Es war bloß dumm, dass er nicht aufgepasst hat, denn auf eine Stelle an der Schulter war ein Blatt gefallen, da gab es keinen Schutz. Er wurde natürlich ein toller Kämpfer, eroberte einen riesigen Schatz und heiratete Kriemhild, die Schwester eines Königs. In der Familie gab es aber einen schlimmen Streit, und am Ende hat ein Ritter namens Hagen durch einen Trick herausgefunden, wo Siegfried seine verwundbare Stelle hatte, und ihn umgebracht. Darüber war seine Frau Kriemhild dann wieder so wütend, dass sie sich eine Rache

ausgedacht hat, durch die auch wieder viele Menschen gestorben sind. Den Schatz konnte sie auch nicht behalten, den hat Hagen versteckt, und der ist dann auch gestorben. Seitdem ist der Schatz verschwunden.
Ich bin froh, dass ich heute lebe und nicht zu der Zeit dieser alten Geschichten, da kann man nicht mehr einfach so jemanden umbringen, und Drachen gibt es auch nicht!

Auch Rees hat kleinen und großen Kindern viel zu bieten: Auf der liebevoll gestalteten Rheinpromenade kann man Schiffen zuschauen, dann gelangt man (in östlicher Richtung) am wuchtigen alten Mühlenturm vorbei zu einem schönen Spielplatz, an dem sich auch ein Skulpturenpark befindet und hinter dem auf dem Deich ein Wander- und Radweg verläuft. Hier beginnt an der alten Wehrbefestigung ein 7 km langer Planetenweg (GPS 51°45'31"N, 6°24'5"E), auf dem die Abstände der Planeten zur Sonne und untereinander maßstabsgerecht dargestellt werden, also praktisch „erlaufen" werden, und der in Rees-Mehr endet. Hält man sich am Wochenende in Rees auf, ist es auf jeden Fall aufregend, in die Kasematten hinunterzusteigen und sich die unterirdischen Wehrgänge anzuschauen (Museum Koenraad Bosman, Am Bär 1, geöffnet Sa+So 14–17 Uhr, So auch 11–13 Uhr). Die inzwischen sehr bekannten Nachtwächterführungen gibt es zweimal im Jahr auch als spezielle Kinderführung (die genauen Termine gibt es unter www.stadt-rees.de – Tourismus & Freizeit – Rees erkunden – Stadt-/Themenführungen: „Unterwegs mit dem Nachtwächter (Kinderführung mit Fackeln und Laternen)".

Ein besonders schönes Ziel ist Hochelten, weil sich hier so unterschiedliche Aktivitäten miteinander verbinden lassen. Ein absolutes Muss ist ein Besuch am Drususbrunnen (S. 27, Öffnungszeiten beachten). Wenige Meter von dort entfernt kann man einen wunderbaren Blick über den Rhein und in einer Sichtachse bis zu den Klever Parkanlagen (S. 54) genießen. Unterhalb dieser Stelle gab es früher den Eltener Märchenberg, dessen Figuren sich heute im Ponyhof Leiting befinden. Auch heute noch kann man auf einem schmalen Pfad den „Berg" hinabsteigen. Am Parkplatz in Hochelten befindet sich ein Minigolfplatz und nur wenige Meter entfernt ein Pfann-

kuchenhaus. Der Wald dort oben ist sehr reizvoll und voller Geocaches aller Schwierigkeitsgrade. Wer möchte, kann sich auf einen Barfußpfad begeben. „Unten" im Dorf gibt es noch die Mühle am Möllenbölt (S. 26) und das Restaurant Vink (S. 152).

Ein Ort mit einer ganz besonderen Magie ist der Duivelsberg in Berg en Dal (NL). Hier im Wald gibt es Hügel, Schluchten und Täler und gleich mehrere ungewöhnliche Plätze, die alle auch mit Kindern gut erreichbar sind – Kinderwagen sollten an manchen Stellen allerdings sehr geländegeeignet sein. (Parkmöglichkeiten: An der Oude Kleefsebaan von Wyler nach Berg en Dal/Nijmegen liegt rechts ein Wanderparkplatz mit Infotafel, GPS 51°48′52.75″N, 5°56′27.29″E. Alternativ gibt es für Gäste des Pannenkoekenrestaurants die Möglichkeit, tiefer in das Gebiet hineinzufahren und vor dem Restaurant in der Nähe der Aussichtsplattform zu parken, GPS 51°49′10.00″N, 5°56′36.61″E.) Am Wanderparkplatz startet die gelbe Route – ein 2 km langer Rundweg mit etwas Steigung, der teilweise an der Grenze zwischen Deutschland und den Niederlanden entlangführt und daher „Grensroute" genannt wird. In beiden Richtungen gelangt man zum Pfannkuchenrestaurant (S. 155). Hält man sich vom Parkplatz aus gesehen rechts, erreicht man bald den „Heksendans", einen dunklen Tümpel auf einer Waldlichtung. Am Pfannkuchenrestaurant selbst beginnt die rote Route. Nach weni-

gen Metern kann man einen geheimnisvollen Hügel besteigen. Die Infotafel erzählt uns (auf Niederländisch) die Geschichte der Burg Mergelp, die vor über 1000 Jahren hier gestanden hat, und von ihren habgierigen Besitzern, die ihre Untaten bitter büßen mussten. Wenige Meter weiter gibt es einen Aussichtspunkt mit Blick über die Düffel mit einem Fernrohr, das ohne Geld funktioniert. Im Pfannkuchenrestaurant gibt es Pläne der Gegend mit allen Wanderrouten, die durch farbig markierte Pfähle am Wegrand sehr leicht zu erkennen sind.

Lotta erzählt: Die Geschichte der Burg Mergelp

Adela und Balderich waren wirklich schlimme Menschen. Sie wollten immer noch mehr besitzen, und als Adelas Vater tot war, wollten sie Adelas Schwester einfach nichts abgeben und haben sich schlimm gestritten. Es wird erzählt, dass Adela ihre Schwester vergiftet hat und Adela und Balderich später auch ihren eigenen Sohn und andere Menschen getötet haben. Stellt euch das vor! Dafür haben sie aber ihre Strafe bekommen: Balderich kam ins Gefängnis, und Adela musste fliehen und ist auch bald darauf gestorben. Und was hatten sie dann? Nichts!

Ebenfalls in den Niederlanden, westlich der Achse Goch – Kevelaer – Geldern, befindet sich der Nationalpark Maasduinen. Im Infocenter am Reindersmeer (S. 42, GPS 51°34'28"N, 6° 5'9"E) findet man Broschüren in verschiedenen Sprachen mit Kartenmaterial und Tourenvorschlägen

für die ganze Region. Folgt man der N271 Richtung Arcen, gibt es zahlreiche Möglichkeiten, zu parken und bei einem Spaziergang die vielfältige Natur dieses Naturschutzgebiets zu erkunden. Besonders gut geht dies natürlich mit dem Fahrrad. Hinter Siebengewald (Grenzübergang Goch-Gaesdonk, durch Siebengewald fahren, an der Infotafel links) gelangt man zum großen Spielplatz am Eendenmeer (S. 72) in der „Möwenkolonie", wo sich Spielen und ein Spaziergang in einer ungewöhnlichen Landschaft wunderbar miteinander verbinden lassen.

Sea Life Abenteuerpark Oberhausen

Spiel- und Fahrspaß direkt am CentrO

Altersempfehlung: 3 bis 12 Jahre
Aufenthaltsdauer: ab 2 Stunden
Wetter: bei schlechtem Wetter lieber im Aquarium bleiben

Promenade 10, 46047 Oberhausen
Telefon 02 08/44 48 84 44
oberhausen@sealife.de
www.abenteuerpark-oberhausen.de
Facebook: SEA LIFE Abenteuer Park
GPS: 51°29'34.78"N, 6°52'45.10"E

Öffnungszeiten/Preise: siehe Internet-seite (kombinierbar mit Sea Life, S. 92, und Legoland, S. 110)

Anreise: Autobahn A42 bis Ausfahrt „Neue Mitte", dann folgen Sie der SEA LIFE Aben-teuer Park-Beschilderung. Kostenlose Park-plätze am CentrO, Parkhaus 3 oder 4 liegen am nächsten. Zu Fuß beim Verlassen des Parkhauses rechts halten, am CentrO vorbei Richtung Wasser laufen.
Parkgelegenheit: CentrO-Parkhäuser 3+4, GPS 51°29'30.66"N, 6°53'0.14"E
Behindertenparkplatz: am Gasometer
Öffentliche Verkehrsmittel: mit Bus und Straßenbahn, Haltestelle „Neue Mitte"
Kinderwagen-/Rollstuhl: barrierefrei mit Fahrstuhl
Gastronomie/WC/Wickelstation: vorhanden
Behinderten-WC: mit Rollstuhl zugängliche WCs

63

Ein Abenteuerpark direkt am CentrO Oberhausen, der zum Sea Life Aquarium gehört und thematisch daran anknüpft. Bei einer Wildwasserfahrt erleben wir waschechte Eselspinguine, während wir gleich nebenan auf Jeep-Safari gehen oder mit dem Shanghai-Express Asien erleben können. Darüber hinaus gibt es reichlich Spielgelegenheiten, zum Beispiel eine Goldwaschstation, ein Labyrinth, einen Rutschenturm, Trampoline und einen Abenteuerspielplatz. So lässt sich ein Tag im Aquarium mit einem Freizeitparkbesuch verbinden.
Am Pinguin-Abenteuer können erst Kinder ab 1,20 m Körpergröße teilnehmen.

Kleoland

Indoor-Spielplatz – Klettern und Toben auf vier Etagen

64

Altersempfehlung: 1–10 Jahre
(Spielburg ab 3 Jahre)
Aufenthaltsdauer: > 3 Stunden
Wetter: auch bei schlechtem Wetter

Kleoland
Pannofenstraße 11, 47533 Kleve
Telefon 0 28 21/97 54 46
info@kleoland.de, www.kleoland.de
Facebook: –
GPS (Eingang): 51°47'16.57"N, 6° 8'51.87"E

Öffnungszeiten: Montag–Freitag: 14–19 Uhr
Samstag, Sonntag und Feiertage: 11–19 Uhr
Ferien (Sommerferien siehe Internetseite):
11–19 Uhr
Jeden 1. und 3. Donnerstag im Monat
Krabbeltag: 10–13 Uhr (bitte im Internet
nachschauen, ob er stattfindet)

Preise: Kinder: 5 €
Erwachsene: 2,50 € (inklusive 1 Freigetränk)
Kleinkinder bis 1 Jahr: frei
Kinder ab 17 Uhr: 3 €
Anreise: B 57 Richtung Kleve, nach dem
Ortsschild 1. Straße rechts (Meißnerstraße),
2. Straße rechts (Pannofenstraße), bis zum
Ende durchfahren. Das Kleoland befindet sich
auf der linken Seite.
Parkgelegenheit: am Haus
GPS: 51°47'16.19"N, 6° 8'52.97"E
Behindertenparkplatz: –
Öffentliche Verkehrsmittel: mit Bus oder Bahn
zum Klever Bahnhof, von dort 5 Gehminuten
Kinderwagen-/Rollstuhl: frei zugänglich
Gastronomie: vorhanden
WC/Behinderten-WC: vorhanden
Wickelstation: vorhanden

Der Klassiker für Regentage und Kindergeburtstage! Hier sind Kinder garantiert stundenlang beschäftigt. Die Eltern können in der Zeit Kaffee trinken, sich unterhalten oder Zeitung lesen – es sind genügend Tische da. Es gibt auch Bügelbretter und Bügeleisen, für alle, die die Zeit „sinnvoll" nutzen wollen. Kleinkinder bis 1111 Tage (für alle, die nicht rechnen möchten: gut 3 Jahre) können im Bällchenbad mit Minirutsche spielen, die Großen klettern und toben in der Spielburg auf 4 Etagen mit einer Grundfläche von 200 m² und einer Spielfläche von etwa 500 m² über gepolsterte Walzen und Netze, rutschen von ganz oben oder weiter unten ins Bällebad und kommen nur gelegentlich an den Tisch, um schnell etwas zu trinken. Mit Rutschautos können die Kleinen rund um die Burg und durch verschiedene Tunnels fahren. Geburtstagskinder können als Prinz oder Prinzessin auf der Burg oder auch auf dem Piratenschiff oder einfach am Tisch einen fröhlichen, entspannten Geburtstag feiern. Und eines ist sicher: Am Abend sind alle richtig schön müde!

Tipp: Wer Trubel nicht mag, sollte an Wochentagen oder Tagen mit schönem Wetter hierher kommen oder die Stoßzeit von 15 bis 17 Uhr vermeiden. Mit Kleinkindern kann man gut den Krabbeltag nutzen, da dann Erwachsene mit auf die Spielburg dürfen – die möchten nämlich auch die Kleinen immer wieder gern benutzen! (Bitte vorher nachfragen oder im Internet nachschauen, ob er noch angeboten wird.) Termine für besondere Aktionen und Feste (z.B. Trödelmarkt, Übernachtungs- oder Halloween-Party) werden auf der Internetseite unter „Aktuelles" bekanntgegeben.

Spiel-Dschungel in Kamp-Lintfort

Indoor-Spielplatz mit vielen „Extras"

Altersempfehlung: 1–12 Jahre
Aufenthaltsdauer: > 2 Stunden
Wetter: bei jedem Wetter

Spiel-Dschungel Kamp-Lintfort
Oststraße 15, 47475 Kamp-Lintfort
info@spiel-dschungel.de
reservierung@spiel-dschungel.de
www.spiel-dschungel.de
Telefon 0 28 42-90 30 55
Telefax 0 28 42-90 30 54
Facebook: Spiel-Dschungel
GPS: 51°30'29.27"N, 6°32'47.76"E

Öffnungszeiten: Di–Fr 14–19 Uhr, Sa, So, Feier-
tage, Ferien 11–19 Uhr, Mo geschlossen
Preise: Kinder 2–16 Jahre 7,50 €
(Nachlass bei einer zeitnahen Klassenarbeit
mit der Note „sehr gut" oder „gut")
Erwachsene 3 €,
Kinder unter 2 Jahren 4 €,
Kinder unter 1 Jahr frei

Anreise: A57 bis Ausfahrt Rheinberg. Links
abbiegen Richtung Kerken/Kamp-Lintfort und
der Straße (B510) etwa 3,4 km folgen. An der
Ampel links abbiegen Richtung Kamp-Lintfort
(Prinzenstraße), 1. Ampel links (Kruppstraße),
1. Straße rechts (Oststraße), der Straße etwa
350 m folgen, dann befindet sich der Spiel-
Dschungel auf der linken Seite.
Parkgelegenheit: vor der Tür
Behindertenparkplatz: vorhanden
Öffentliche Verkehrsmittel: Buslinien 7, 32,
SB30, Haltestelle „Prinzenplatz"
Kinderwagen-/Rollstuhl: barrierefrei

Gastronomie: vorhanden
WC: vorhanden (barrierefrei)
Behinderten-WC: –
Wickelstation: vorhanden

Dieser Indoor-Spielplatz mit Dschungelelementen lässt jedes Kinderherz höher schlagen. Im Zentrum der Anlage steht der große Spielturm mit den verschiedensten Elementen zum Klettern, Spielen und Toben auf drei Etagen und Bällebad. Zusätzlich gibt es eine kleine Kartbahn, Sporttrampoline und Computer mit Lern- und Malspielen. Für die Kleinen gibt es eine separate Ecke mit einer kleinen Rutsche, einem Bällebad und Softbaumodulen. Rund um den Turm und vor der Gastronomie gibt es genügend Sitzgelegenheiten für die Eltern, auch für Lesestoff in Form von Zeitschriften ist gesorgt. Dekorierte Nischen bieten reichlich Möglichkeiten für Kindergeburtstage.

Im Sommer kann auch draußen gespielt werden. Es gibt eine teilüberdachte Außenanlage mit Kettcarbahn, Sandkasten, Hüpfberg und Dschungel-Hüpfburg.

Ziehen Sie Ihrem Kind bequeme, nicht zu warme Sachen an. Es wird beim Toben sicher ins Schwitzen kommen. Stoppersocken nicht vergessen! Gegen 15 Uhr und am Wochenende ist es hier oft sehr voll. Wer die Möglichkeit hat, sollte auf die „Randzeiten" und Wochentage ausweichen. An manchen Wochentagen gibt es Extra-Aktionen. Das Programm finden Sie auf der Internetseite.

Jungle Dome, Center Parcs „Het Heijderbos"

Indoor-Spielplatz – Klettern, toben und Spaß haben im Dschungel

Altersempfehlung: 5–12 Jahre
Aufenthaltsdauer: > 2 Stunden
Wetter: bei jedem Wetter

Center Park „Het Heijderbos"
Hommersumseweg 43, NL-6598 MC Heijen
Telefon 00 31-4 85-49 67 00
www.dagjecenterparcs.nl/heijderbos
www.tagesausflugcenterparcs.de
Facebook: Center Parks Het Heijderbos
GPS: 51°40'21.79"N, 6° 0'9.64"E

Öffnungszeiten: Mo geschlossen, Do+So
11–17 Uhr, Di +Mi, Fr+Sa 10–17 Uhr
Preise: 9,50 €/Person, Kinder unter 2 J. frei
Kombi-Karte mit Aqua Mundo (S. 138):
20% Ermäßigung, 5 € Parkgebühr
Anreise: von Kleve aus kommend die Materborner Allee/Grunewaldstraße bis zum Grenzübergang fahren. Weitere 4,1 km geradeaus.
Links abbiegen auf den Siebengewaldseweg – der Straße 3,9 km folgen. Im Kreisverkehr die 1. Ausfahrt nehmen (rechts abbiegen), nach ca. 700 m rechts in den Park abbiegen. Von Goch kommend die Gaesdoncker Straße (Richtung Gaesdonck/Siebengewald) bis zum Grenzübergang fahren. Der Straße noch 550 m folgen, dann rechts abbiegen in den Nieuweweg. Der Straße etwa 7,5 km folgen. Am Kreisverkehr die 3. Ausfahrt nehmen (links abbiegen), nach ca. 700 m rechts in den Park abbiegen.

Parkgelegenheit: am Gelände, Parkgebühr 5 €
Behindertenparkplatz: auf dem Parkplatz, für Übernachtungsgäste am Bungalow
Öffentliche Verkehrsmittel: –
Kinderwagen-/Rollstuhl: barrierefrei
Gastronomie/WC/Behinderten-WC/
Wickelstation/Garderobe: vorhanden

Hier gibt es alles, was das Kinderherz begeht: In einem exotischen Dschungel-ambiente können Kinder seichte Bachläufe auf Steinen durchschreiten, zwischen Felsen und tropischen Pflanzen Hängebrücken überqueren, auf vier Etagen über Netzbrücken klettern, toben, rutschen und an Lianen hangeln. Zwischendurch gibt es verschiedene Stationen zum Ausprobieren und Beobachten. In den Ruhepausen können sie Flamingos und andere exotische Tiere bewundern, während es für die Eltern genügend Sitzgelegenheiten gibt, an denen sie es sich entspannt gut gehen lassen können.

Es ist warm hier im Dschungel. Ziehen Sie Ihr Kind eher sommerlich an. Kleinere Kinder haben hier schon viel Spaß und genug zu sehen. Sie müssen aber noch gut beaufsichtigt werden.

Speeltuin De Leemkuil, NL – Nijmegen

Unendliche Spielmöglichkeiten mitten im Wald

Altersempfehlung: 0–12 Jahre
Aufenthaltsdauer: > 3 Stunden
Wetter: bei jedem Wetter

Speeltuin De Leemkuil
Luciaweg 2, NL-6523 NK Nijmegen
Telefon 00 31-24-3 60 51 98
deleemkuil@nijmegen.nl
www.deleemkuil.nl
GPS: 51°49'37.36"N, 5°53'27.61"E

Öffnungszeiten: ca. Ende März bis ca. Mitte August: täglich 10–18 Uhr, ca. Mitte August bis ca. Mitte Oktober: Mi+Fr 13–18 Uhr, Sa+So 10–18 Uhr, NL-Herbstferien: täglich 10–18 Uhr (genaue Daten stehen auf der Homepage unter „Praktische Info" – „Openingstijden")
Preise: Kinder bis 2 Jahre und Rollstuhlfahrer frei, 3–64 Jahre: 4,40 €, +65 Jahre: 0,65 € Zugfahrt: 0,90 €, 5 x 3,60 €

Anreise: von Kranenburg aus Richtung Wyler fahren (Nimweger Straße, K44), in Wyler links Richtung Groesbeek und sofort wieder rechts Richtung Nijmegen/Berg en Dal. Der Strecke (Oude Kleefsebaan) etwa 5,2 km folgen, dann an der Gabelung links halten (Kwakkenbergseweg) und dieser Straße 700 m folgen. Am Kreisverkehr 3. Ausfahrt (Sophiaweg), 1. Straße rechts (Luciaweg) – De Leemkuil liegt auf der linken Seite.
Parkgelegenheit: an der Straße
Behindertenparkplatz: nicht ausgewiesen
Öffentliche Verkehrsmittel: Buslinie 8, Haltestelle „Sophiaweg"
Kinderwagen-/Rollstuhl: grundsätzlich zugänglich. Es muss teilweise kräftig geschoben werden.
Gastronomie: Kantine mit warmen Speisen, Getränken, Kuchen, Gebäck, Eis und Süßigkeiten

WC: vorhanden

Behinderten-WC: vorhanden

Wickelstation: vorhanden

Die Leemkuil ist ein riesiger Spielplatz mitten im Wald, der von einer kleinen Bimmel-bahn umfahren wird. Wie der Name schon sagt, handelt es sich um eine „Lehmkuhle", also um ein Gelände mit einem tiefen Tal, in dem mehrere Rutschen verschiedener Längen und Geschwindigkeiten enden. Zudem gibt es eine riesige Holzburg, ver-schiedenste Kletternetze, klassische und ungewöhnliche Spielgeräte, einen großen Wasserspielplatz, einen Kleinkinder-Bereich, Tretkettcars (1 € Pfand), einen Maya-Tempel, eine Ritterburg mit Käfig, eine Seilbahn und noch viel mehr. An verschiede-nen Stellen gibt es Picknicktische, an denen selbst Mitgebrachtes verzehrt werden kann – wer lieber etwas zu essen kauft, kann das sowohl drinnen als auch draußen verzehren. Eine Fahrt mit der kleinen Bimmelbahn ist ein großer Spaß und öffnet neue Perspektiven auf das riesige Gelände. Kinder sind hier den ganzen Tag beschäf-tigt, und die Eltern können in der Sonne (oder auch im Schatten unter den riesigen Bäumen) sitzen und das Leben genießen.

Speeltuin Steense Gemeente, NL-Millingen a. d. Rijn

Lage: in Millingen direkt hinter dem Rhein-
deich am „Ons Genoegenpad"
(GPS 51°51'50.12"N, 6° 3'19.77"E)

Steenstraat 5 (Navi: „Ons Genoegenpad")
NL – 6566 AP Millingen aan de Rijn

Saison: April–September
Öffnungszeiten: 10–17.30 Uhr
Eintritt: kostenlos
Anreise: vom Klever Ring aus die K3 (Land-
wehr/Keekener Straße) Richtung Rindern/
Keeken/Millingen durchfahren bis zum Grenz-
übergang Millingen. Weitere 400 m gerade-
aus, 4. rechts abbiegen auf die Ruijsdaelstraat,
am Ende links abbiegen auf die Wethouder
Arntzstraat, immer rechts halten bzw. rechts
abbiegen bis zum Parkplatz.
Parkgelegenheit: direkt am Deich
(GPS 51°51'52.34"N, 6° 3'17.50"E)
Toiletten: vorhanden, geöffnet Sa+So+
NL-Ferien 13–17.30 Uhr, Mo,
Di+Do 15–17.30, Mi+Fr 14–17:30
Gastronomie: Kiosk mit Terrasse,

Öffnungszeiten siehe Toiletten
Sehr bekannter und beliebter, vollständig
eingezäunter Spielplatz. Auf einem riesigen
hügeligen Gelände findet sich alles, was das
Kinderherz begehrt: Eine große Kletterburg,
alle Arten von Schaukeln, Rutschen und

Wippen, eine Seilbahn, ein großer Sand- und
Matschbereich, ein Bolzplatz, bunte Gefährte
für's Rollenspiel und noch viel mehr. Die
mit Gras bewachsenen Hügel laden zum
Herunterrollen ein. Die Eltern können derweil
gemütlich auf der Terrasse sitzen und Kaffee
trinken.

Spielplatz am Eendenmeer, NL-Bergen (Nationalpark Maasduinen)

Lage: am Eendenmeer in der Möwenkolonie
(GPS 51°36'32.82"N, 6° 4'22.11"E)

Anreise: von Goch aus die Gaesdoncker Straße
bis zur Grenze durchfahren. Der Straße durch
Siebengewald hindurch weiter folgen. Hinter
dem Ortsausgang der Straße noch
2,5 km folgen, auch die kleine Ortschaft Groote
Horst durchqueren, am Infoschild „Nationalpark Maasduinen" links abbiegen (Ceresweg).
Dieser Straße noch etwa 3,5 km folgen, dann
liegt rechts der Spielplatz und die „Eendenhut".

Parkgelegenheit: direkt am Spielplatz
Toiletten: vorhanden

Riesiger Spielplatz mit Holzspielgeräten, vielen Kletter- und Balanciermöglichkeiten und einer Seilbahn. An lebhaften Tagen ist ein Kiosk geöffnet. Das direkt angrenzend liegende Eendenmeer mit seinen wunderbaren Möglichkeiten zum Spazierengehen und Natur erleben (zum Beispiel unter höhlenartigen Kiefern) und die vielen Picknicktische bieten die Möglichkeit, einen ganzen Tag entspannt hier zu verbringen.

Spielplatz im Park am Fährsteg, Weeze

Lage: am Rande von Weeze, unweit der B9, am Niersufer mitten in einer Parklandschaft (GPS 51°37'51.42"N, 6°11'57.34"E)

Anreise: B9 aus Goch kommend 1. Ampel nach dem Ortseingang rechts Richtung Weeze Zentrum (Fährsteg, aus Kevelaer kommend 2. Ampel links). Der Park befindet sich nach etwa 200 Metern auf der rechten Seite vor der Niersbrücke.
Parkgelegenheit: am Fährsteg (rechte Seite), neben dem Eingang zum Park vor der Niersbrücke (GPS 51°37'48.73"N, 6°12'0.13"E)
Toiletten: im Tierpark oder im Rathaus (Cyriakusplatz 13–14)

Schön gelegener Spielplatz mitten in einem großen Stadtpark am Ufer der Niers. Ein Zaun sorgt dafür, dass die Kinder nicht sofort ins Wasser laufen können.
Besonderheiten: Wasserspielplatz mit Pumpe und Schleusen auf einem Hügel, schöne und ungewöhnliche Holzspielgeräte, große Wiese, Baumgruppen und schattige Sitzplätze.

Spielplatz an den Gocher NiersWellen

Lage: in Goch in der Nähe des Steintores, direkt an den NiersWellen (GPS 51°40'37.04"N, 6° 9'36.54"E)

NiersWellen erscheinen nun auf der rechten Seite) und dort einen Parkplatz suchen.

Anreise: in Goch zunächst den Schildern Richtung Zentrum folgen, anschließend den Schildern zum Kastell folgen. Nach dem Abbiegen in die Kastellstraße nicht zum Kastell fahren, sondern dem Linksbogen (abknickende Vorfahrt, Herzogenstraße) folgen. Am Steintor vorbei fahren. Entweder sofort links abbiegen auf den Parkplatz Wassergarten oder geradeaus der Bahnhofstraße folgen (die

Parkgelegenheit: Wassergarten (Parkscheibe) oder Bahnhofstraße
Toiletten: gebührenpflichtig an den NiersWellen

Interessanter Spielplatz (größtenteils auf Kies) direkt am Ufer der Niers und an den Niers-Wellen. Ein Zaun sorgt dafür, dass die Kinder nicht sofort ins Wasser laufen können. An den NiersWellen kann man sich schön aufhalten

und Enten beobachten. Auf der anderen Seite des Spielplatzes befinden sich frei zugängliche Fitnessgeräte.

Besonderheiten: Wasserspielplatz mit Pumpe und Schleusen, schöne und ungewöhnliche Spielgeräte, zum Beispiel ein halb versunkenes Piratenschiff, das in drei Teilen aus dem Boden ragt, Seilbahn.

Städtischer Abenteuerspielplatz „Robinson" Kleve
Eine Kindheit in Bullerbü

Lage: in Kleve-Oberstadt an der Nimweger Straße (etwas versteckt – gegenüber der Waldstraße, GPS 51°47'20.61"N, 6° 7'11.12"E)

Parkgelegenheit: vorzugsweise entlang der Waldstraße (GPS 51°47'21.4"N, 6° 7'20.6"E), Parksituation direkt am Spielplatz schwierig
Toiletten: vorhanden
Altersempfehlung: 6–14 Jahre
Aufenthaltsdauer: > 3 Std., regelmäßige Besuche erwünscht
Öffnungszeiten: Mo–Fr: Schulzeit 14–18 Uhr, Ferienzeit 10–17.30 Uhr

Der „Robi" ist kein klassisches Ausflugsziel für die ganze Familie – es ist ein Ort für Kinder, für große Kinder, an dem jeder im Alter von 6 bis 14 Jahren willkommen ist (in den Ferien jedoch nur Kinder aus dem Stadtgebiet Kleve). Beim ersten Besuch müssen die Eltern einige Daten hinterlassen, anschließend kann es losgehen, und die Kinder können ohne Elternbe-

gleitung eine abenteuerliche Zeit erleben! Hier leben die Kinder unter pädagogischer Begleitung in ihrer eigenen Gemeinschaft. Überall liegen Baumaterialien, es wird gekokelt, gewerkelt und gespielt. Manche Kinder übernehmen zusätzliche Aufgaben, kontrollieren Schrauben, helfen anderen. Viele der selbst gebauten Häuser sind wohnlich eingerichtet. Am Hang mitten im Wald prangt der Schriftzug „Robiwood". Und das passt: Wir sind hier in einer ganz eigenen, ganz besonderen Welt, in der jeder Einzelne seinen Platz und seinen Wert hat. Und das ist zauberhaft!

Spielplatz im Forstgarten, Kleve

Lage: in den historischen Parkanlagen im Forstgarten (GPS 51°47'42.95"N, 6° 7'41.42"E)

Anreise: von Kleve aus der B9/Tiergarten-straße Richtung Nijmegen folgen. Der Forst-

garten beginnt etwa 250 m hinter der Kreuzung Gruftstraße. Aus Richtung Kranenburg liegen die Parkanlagen am Ortseingang Kleve an der B9 auf der linken Seite. Der Spielplatz liegt fast direkt an der Wasserburgallee.

Parkgelegenheit: Wasserburgallee, GPS 51°47'41.95"N, 6° 7'44.55"E, oder am Tiergarten, GPS 51°47'48.52"N, 6° 7'23.97"E
Toiletten: –

Ein schön gelegener Spielplatz in den historischen Gartenanlagen – hier lassen sich ein Spaziergang und ein Spielplatzbesuch wunderbar miteinander verbinden. Großes Kletternetz, lange Rutsche (Rutschenhäus-chen auf einem Hügel) und separater Klein-kinderbereich.

Spielplatz an der Esperance/Kuhstraße in Kleve-Materborn

Lage: in Kleve Materborn an der Esperance/ Kuhstraße am Rande des ehemaligen Truppenübungsgeländes
(GPS 51°46'53.29"N, 6° 6'3.14"E)

Anreise: Königsallee hochfahren bis zum Kreisverkehr, 3. Ausfahrt (links abbiegen) in die Schweizer Straße, 2. Straße rechts abbiegen (Esperance), der Straße etwa 350 m folgen, dann liegt der Spielplatz auf der rechten Seite.

Parkgelegenheit: an der Straße
Toiletten: –
Bekannter und beliebter Spielplatz in Kleve-Materborn mit besonders vielfältigem Sand-spielbereich, Sandbagger, schönen Kletter-möglichkeiten und Seilbahn.

Spielplatz im Moritzpark, Kleve

Lage: im Moritzpark an der Nassauer Allee in der Nähe der Stiftskirche (GPS 51°47'0.83"N, 6° 8'17.29"E)

Anreise: von der Kreuzung am Krankenhaus aus die Nassauer Allee entlangfahren, in der Links-kurve (Lindenallee) rechts abbiegen und somit auf der Nassauer Allee bleiben (den Schildern zur Kreisverwaltung folgen). Der Spielplatz liegt nach 400 m auf der rechten Seite.
Parkgelegenheit: an der Straße
Toiletten: –

Am Rande des „Kliffs" im Moritzpark gelegen. Großes Kletternetz und als Besonderheit eine extrem lange Rutsche, die das natürliche starke Gefälle ausnutzt (nichts für ganz kleine Kinder!). Von dort ist man schnell hinabgestiegen zum Kermisdahl, wo es sich wunderbar spazieren gehen lässt.

Tiergarten Kleve

Streicheln, füttern, staunen und spielen

Altersempfehlung: 0–99 Jahre
Aufenthaltsdauer: > 2 Stunden
Wetter: nicht bei starkem Regen

Tiergartenstraße 74, 47533 Kleve,
Telefon 0 28 21/2 67 85
Telefax 0 28 21/58 10 43
tiergarten-kleve@t-online.de
www.tiergarten-kleve.de
Facebook: Tiergarten Kleve
GPS: 51°47'51.63"N 6° 7'20.42"E

Öffnungszeiten:
Sommersaison (15.03.–15.10.): 9–18 Uhr,
Wintersaison (16.10.–14.03.): 10–17 Uhr
Verkürzte Öffnungszeiten an Heiligabend,
Silvester, Rosenmontag: 10–13 Uhr
Preise: Erwachsene (ab 13 Jahren) 5 €
Kinder ab 2 Jahren+ermäßigt 3 €
Kinder unter 2 Jahren frei

Anreise: von Kleve aus der B9/Tiergarten-
straße Richtung Nijmegen folgen. Der Tier-
garten befindet sich etwa 800 m hinter der
Kreuzung Gruftstraße rechts. Aus Richtung
Kranenburg liegen die Parkanlagen am Orts-
eingang Kleve an der B9 auf der linken Seite.
Parkgelegenheit: am Tiergarten
(GPS 51°47'49.63"N, 6° 7'19.70"E)
Behindertenparkplatz: nicht separat
ausgewiesen
Öffentliche Verkehrsmittel:
Buslinien 59+SB58, Haltestelle „Forstgarten"
Kinderwagen-/Rollstuhl: barrierefrei
Gastronomie: Thorstens Futterbox,
März–Oktober täglich, im Winter
bei gutem Wetter am Wochenende
WC: vorhanden
Behinderten-WC: vorhanden
Wickelstation: vorhanden

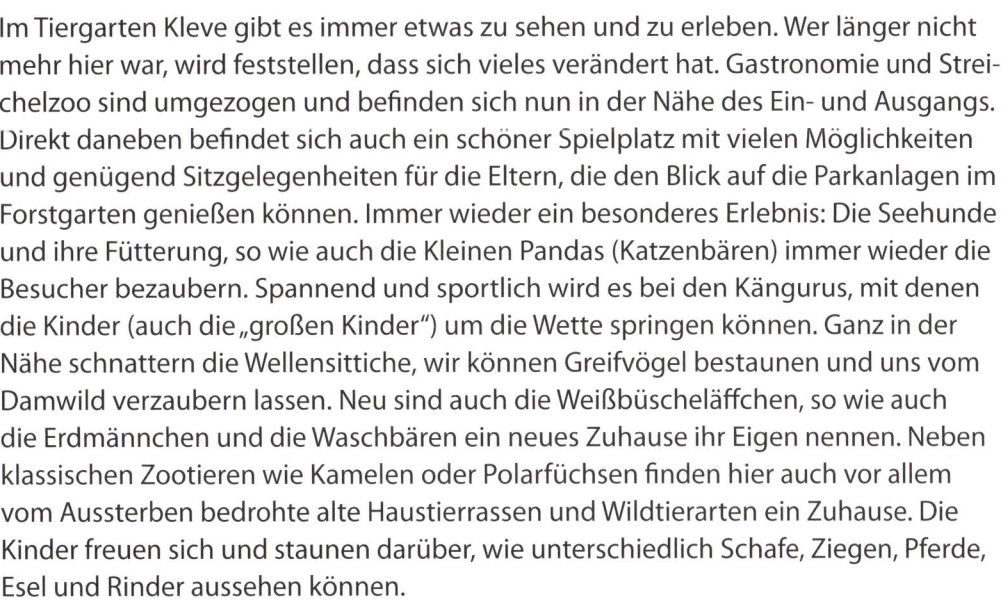

Im Tiergarten Kleve gibt es immer etwas zu sehen und zu erleben. Wer länger nicht mehr hier war, wird feststellen, dass sich vieles verändert hat. Gastronomie und Streichelzoo sind umgezogen und befinden sich nun in der Nähe des Ein- und Ausgangs. Direkt daneben befindet sich auch ein schöner Spielplatz mit vielen Möglichkeiten und genügend Sitzgelegenheiten für die Eltern, die den Blick auf die Parkanlagen im Forstgarten genießen können. Immer wieder ein besonderes Erlebnis: Die Seehunde und ihre Fütterung, so wie auch die Kleinen Pandas (Katzenbären) immer wieder die Besucher bezaubern. Spannend und sportlich wird es bei den Kängurus, mit denen die Kinder (auch die „großen Kinder") um die Wette springen können. Ganz in der Nähe schnattern die Wellensittiche, wir können Greifvögel bestaunen und uns vom Damwild verzaubern lassen. Neu sind auch die Weißbüscheläffchen, so wie auch die Erdmännchen und die Waschbären ein neues Zuhause ihr Eigen nennen. Neben klassischen Zootieren wie Kamelen oder Polarfüchsen finden hier auch vor allem vom Aussterben bedrohte alte Haustierrassen und Wildtierarten ein Zuhause. Die Kinder freuen sich und staunen darüber, wie unterschiedlich Schafe, Ziegen, Pferde, Esel und Rinder aussehen können.

Eine Patenschaft (z.B. für eine Zwergziege für 50 €) ermöglicht einen engeren Kontakt zum Lieblingstier. Einmal im Jahr werden alle Paten zum Patenfest eingeladen und erhalten eine exklusive Führung, bei der auf jedes Patentier eingegangen wird. Verpassen Sie nicht die Fütterung der Seehunde (10+15 Uhr außer Fr) und der Waschbären (14 Uhr außer Donnerstag)! Bollerwagen können für 2 € gemietet werden. Natürlich kann an der Kasse auch Wildfutter erworben werden.
Es gibt zahlreiche Veranstaltungen wie „Tier und Trödel", das Schafschurfest und das Herbstfest mit der Wahl zum Lieblingstier – nicht verpassen!

Tierpark Weeze mit Streichelzoo und Waldlehrpfad

Tiere und Natur genießen am Ufer der Niers

Altersempfehlung: 0–99 Jahre
Aufenthaltsdauer: > 1 Stunde
Wetter: nicht bei Regen

An der Schlossruine Hertefeld
Fährsteg, 47652 Weeze
Ansprechpartner:
Büro für Kultur und Fremdenverkehr
Telefon 0 28 37/91 01 16
Telefax 0 28 37/91 01 70
tourinfo@weeze.de, www.weeze.de
(unter Tourismus/„Weeze erleben")

Öffnungszeiten/Preise: ·
kostenlos und frei zugänglich
Anreise: B9 aus Goch kommend 1. Ampel
nach dem Ortseingang rechts Richtung
Weeze Zentrum (Fährsteg, aus Kevelaer
kommend 2. Ampel links). Links ist bereits der
Parkplatz des Tierparks.
Parkgelegenheit: am Tierpark Weeze
(GPS 51°37'51.36"N, 6°12'7.83"E)
Behindertenparkplatz: nicht ausgewiesen,
genügend Parkfläche vorhanden
Öffentliche Verkehrsmittel: Deutsche Bahn/
Buslinie SW1, Bahnhof Weeze/Haltestelle
Weeze Bf, ca 1500 m Fußweg
Kinderwagen/Rollstuhl: frei zugänglich

Gastronomie: Automat, eine Wiedereröffnung
des Cafés ist geplant
WC: vorhanden
Behinderten-WC: vorhanden
Wickelstation: vorhanden

Der Tierpark Weeze ist kostenlos und frei zugänglich und hat eine Menge zu bieten. Im Waldlehrpfad begleiten Informationstafeln unseren Weg. Wir sehen Wildschweine, Damwild und Eichhörnchen, die bis hoch in die Bäume hinein flitzen können. Und es gibt noch so viel mehr: Ziegen, Federvieh, Kaninchen, Pferde, Esel, Nandus, Schafe, Vögel, Spielgelegenheiten und nicht zuletzt den Streichelzoo. Seit kurzem ist hier auch die Greifvogel-Auffangstation beheimatet.

An Automaten können die Kinder Wildfutter ziehen (1 € bereithalten!) und die Tiere füttern. Wer danach noch nicht genug hat, gelangt unter der B9 hindurch zum 2 km langen Naturerlebnispfad (S. 46).

Der Ausflug zum Tiergarten lässt sich auch wunderbar mit einem Besuch des nahegelegenen Spielplatzes im Park am Fährsteg (S. 73) verbinden. In Weeze gibt es auch eine besonders beliebte Eisdiele (Alpago, Kevelaerer Straße 25). Im Gebäude des Cafés wurden kinderfreundliche Übernachtungsmöglichkeiten geschaffen – www.kangaroo-lodge.de.

Wildgehege Reichswalde

Waldspaziergang bei den Hirschen und Wildschweinen

Altersempfehlung: 0–99
Aufenthaltsdauer: > 1 Stunde
Wetter: nicht bei schlechtem Wetter

Lage: in Reichswalde zwischen Grunewaldstraße, Am Forsthaus, Buchholz und Dorfanger
Kontakt: Herr Hähn, Telefon 0 28 21/4 93 97
Helga Lenk, Telefon 01 71/3 72 09 01
wildgehege-reichswalde@web.de
GPS: 51°45'51.16"N, 6° 6'31.86"E

Öffnungszeiten/Preise:
kostenlos und frei zugänglich
Anreise: von Kleve aus die Materborner Allee/
Grunewaldstraße Richtung Grunewald fahren,
rechts abbiegen in den Dorfanger (Richtung
Reichswalde), 1. rechts, nach 50 m gibt es
rechts einen Parkplatz

Parkgelegenheit: Parkplatz am Buchholz,
GPS 51°45'37.72"N, 6° 6'17.78"E
Behindertenparkplatz: nicht separat ausgewiesen, aber genügend Platz vorhanden
Öffentliche Verkehrsmittel: Linie 50,
Haltestelle „Wolfsgraben" („Dorfanger" und
„Reichswalde Schule") sind auch in der Nähe
und je nach Route besser zu erreichen, dann
Richtung Sportplatz laufen
Kinderwagen-/Rollstuhl: Waldwege,
manchmal muss kräftig geschoben werden
Gastronomie/WC/Behinderten-WC/
Wickelstation: –

Am Wildgehege kann man einen schönen Waldspaziergang unternehmen und gleichzeitig Rot-, Schwarzwild und Mufflons bewundern. Der Weg führt rund um die großen Gehege und lädt zum Spielen und Toben ein. Am Schwarzwildgehege gibt es eine Picknickmöglichkeit. Schautafeln informieren über die drei vorhandenen Tierarten, weitere Informationsstellen sind geplant. Der Wald rund um das Wildgehege ist von drei Seiten gut zugänglich und ist ein beliebtes Ziel für Familien, Kindergärten, Jogger und Spaziergänger.

Es werden auf Anfrage gerne auch Führungen angeboten. Das Wildgehege wird von einem Förderverein finanziert und ist dringend auf Spenden angewiesen. Kontakt: siehe oben. Es werden des Öfteren Feste veranstaltet. Zu Ostern findet ein großes Osterei-Suchen statt.
Hier sind auch viele Hunde unterwegs. Abseits der Wege auf Tretminen achten!

Biotopwildpark
Anholter Schweiz

Wilde Tiere, zahme Tiere, Bären und ein Stück Schweiz

Altersempfehlung: 0–99 Jahre
Aufenthaltsdauer: > 3 Stunden
Wetter: es gibt einige Unterstellmöglichkeiten

Pferdehorster Straße 1, 46419 Isselburg
Telefon 0 28 74/4 53 55
www.anholter-schweiz.de
www.schweizer-haeuschen.de
Facebook: Biotopwildpark Anholter Schweiz
GPS: 51°49'58.08"N, 6°25'43.63"E

Öffnungszeiten:
15. März–1. November: 9–18 Uhr
2. November bis 14. März: Sa, So+Feiertage:
Einlass 10–16 Uhr, 25.12. geschlossen
Preise (Auszug):
Erwachsene ab 13 Jahren 6,50 €
Kinder ab 3 Jahren 3,50 €
Menschen mit Behinderung (mit Schein)
Erw. 5 €/Kinder 3 €
Alle Geburtstagskinder von 1–100 haben
freien Eintritt

Anreise: ab Rheinbrücke Rees ca. 7 km der
B67 folgen, links abbiegen Richtung Millingen (Millinger Straße)/alternativ A3 Abfahrt
4 Bocholt/Rees, Richtung Rees, nach 400 m
rechts abbiegen (Millinger Straße), nach 1 km
rechts Richtung Vehlingen, nach 2 km rechts
abbiegen zum Parkplatz (hier gibt es bereits
ein Hinweisschild).
Parkgelegenheit: kostenlose Parkplätze am
Park, GPS: 51°49'56.07"N, 6°25'45.54"E
Behindertenparkplatz: nicht ausgewiesen,
aber genug Platz vorhanden
Öffentliche Verkehrsmittel: Buslinie 61, Haltestelle „Venderbusch", ca. 8–10 Min. Fußweg
Kinderwagen-/Rollstuhl: barrierefrei, kostenloser Rollstuhlverleih
Gastronomie: Schweizer Häuschen und Imbiss
WC: vorhanden
Behinderten-WC/Wickelstation: am Eingang
und am Schweizer Häuschen

Neben der beeindruckenden Tierwelt, die hier zu sehen ist, begeistert vor allem die Landschaft: 1893 hat Fürst Leopold zu Salm-Salm an dieser Stelle eine Nachbildung des Vierwaldstätter Sees geschaffen. Mittendrin liegt das Schweizer Häuschen, das heute das Parkrestaurant (mit Brücke und Terrasse mitten im See) beherbergt. Die Felsen wurden aus der Schweiz an den Niederrhein transportiert. Rundherum tummelt sich eine bunte Tierwelt. Besonders beeindruckend ist natürlich der Bärenwald, in dem vor allem Braunbären und Kragenbären aus Käfighaltung in naturnahe, große Gehege „ausgewildert" wurden und so für uns zu bestaunen sind. Neben den „wilden Tieren", Mufflons, Schwarzwild, Rentieren, Wisenten und der vielfältigen Vogelwelt macht uns auch die Streichelwiese Freude. Kleine Esel kommen zu uns und lassen sich liebkosen, und Schafe und Ziegen freuen sich über Futter, während das Damwild von weitem zuschaut. Die Fütterungen werden spannend gestaltet und zeigen uns Tiere, die wir sonst nicht so aktiv kennenlernen würden: Wolf, Luchs, Fischotter, Bären und Wildkatzen (Tage und Zeiten auf der Internetseite und auf dem Aushang an der Kasse). Und wer Glück hat und zur rechten Zeit am rechten Ort ist, erlebt ein richtig lautes, langanhaltendes Froschkonzert.

Zu besonderen Anlässen (Ostern mit Eiersuche, Halloween, Heiliger Abend etc.) werden hier Feste gefeiert. Aktuelle Informationen und Impressionen gibt es auf der Facebook-Seite. Es darf nur das vor Ort angebotene Wildfutter verfüttert werden – keinesfalls jedoch an die Rentiere, die es nicht vertragen und daran sterben können. Für 3 €+Pfand kann ein Bollerwagen gemietet werden.

Zoo Krefeld

Exotische Tropenhäuser und putziger Tiernachwuchs

Altersempfehlung: 0–99 Jahre
Aufenthaltsdauer: > 3 Stunden
Wetter: bei jedem Wetter, genügend Tier-/
Aktionshäuser vorhanden

Uerdinger Straße 377, 47800 Krefeld
(Navigation: Zieladresse „Violstraße")
Telefon 0 21 51/9 55 20
info@zookrefeld.de, www.zookrefeld.de
Facebook: Zoo Krefeld
GPS: 51°20'27.47"N, 6°35'58.08"E

Öffnungszeiten: April–September:
täglich von 8–19 Uhr
(Letzter Einlass 17.30 Uhr, Tierhäuser,
17.30 Uhr, Zoocafé 18.30 Uhr)
März+Oktober: täglich von 9–18 Uhr
(Letzter Einlass 16.30 Uhr, Tierhäuser+
Zoocafé 17.30 Uhr), November–Februar:
täglich von 9–17 Uhr
(Letzter Einlass 16.30 Uhr, Tierhäuser+Zoocafé
16.30 Uhr), Am 1. Weihnachtsfeiertag ist der

Zoo geschlossen. Der Schmetterlings-
Dschungel ist von Ende März bis Anfang
November geöffnet.
Preise (Auszug): Erwachsene 10,50 €
Kinder unter 3 Jahren frei,
Kinder 3–18 Jahre 5,50 €, Ermäßigte 6,50 €
Abendkarte (60 Minuten vor Schließung der
Tierhäuser/der Kasse) Erw. 5 €, Kinder 2,50 €
Kleine Familienkarte (1 Erw.+4 Kinder) 20 €
Große Familienkarte (2 Erw.+4 Kinder) 27,50 €
Anreise: A57, Ausfahrt 13 „Krefeld Zentrum" –
in die B57/Berliner Straße einfädeln, 1,9 km
auf dieser Straße bleiben, rechts abbiegen in
die Violstraße, einen Parkplatz suchen.
Parkgelegenheit: kostenfreie Parkplätze am
Zoo und am Grotenburgstadion
Behindertenparkplatz: vorhanden
Öffentliche Verkehrsmittel:
Sie erreichen den Zoo Krefeld mit den Stra-
ßenbahnlinien 42 und 43 vom HBF Krefeld.
Vom Bahnhof Uerdingen können Sie mit der

Linie 43 anreisen. Die Haltestelle heißt „Grotenburg/Zoo".

Kinderwagen-/Rollstuhl: barrierefrei, allerdings kann auf manchen Wegen durch den Sand- oder Mulchbelag das Vorankommen erschwert werden, Rollstuhlverleih (Reservierung unter 02151-95 52–11)

Gastronomie/WC/Behinderten-WC: vorhanden

Wickelstation: in allen vier Toilettenanlagen

Die meisten Eltern werden den Krefelder Zoo noch aus ihrer Kindheit kennen – bei mir persönlich führte die erste Klassenfahrt hierher. Viele verschiedene Tiere gibt es hier zu sehen, und der seltene Schneeleopard, der hier seit 50 Jahren erfolgreich gezüchtet wird, ist sogar das Wappentier. Eine große Attraktion ist nach wie vor das Affentropenhaus, das uns mitnimmt in die Welt der Tropen und einen ungestörten Blick auf die Affen ermöglicht. An der Scheibe einem Gorilla ins Auge zu blicken ist eben immer noch das Größte. Ganz neu sind auch der GorillaGarten nebenan, der „Pinguin Pool" und der Schmetterlingsdschungel, der uns in eine andere Welt entführt. Elefanten, Nashörner, Trampeltiere, Jaguar, Sumatra-Tiger – es gibt genügend eindrucksvolle Zootiere, die uns faszinieren, doch genauso schön ist es, einfach Schildkröten, Erdmännchen oder Kängurus zuzuschauen und die Seele baumeln zu lassen. Schattige Plätze zum Verweilen gibt es genug, und die geschickte Anlage des Rundweges sorgt dafür, dass kleine Beine nicht zu schnell müde werden. Kinder (und nicht nur die) freuen sich natürlich am meisten über Jungtiere, und davon gibt es reichlich, genau wie Spielmöglichkeiten und Infos für Groß und Klein. Und abends sind wir alle dann wieder mal so richtig schön müde und zufrieden.

Bollerwagen können gegen eine Gebühr von 3 €+Pfand an der Kasse ausgeliehen werden. Keine Reservierung! Das Forscherhaus bietet Tiererlebnisse, Naturbeobachtungen, Experimente, mikroskopische Einblicke für kleine und große Forscher – Öffnungszeiten: Mo.–Fr. 14–16 Uhr, So 12–16 Uhr (März–Okt. auch Sa.), für gebuchte Führungen nach Absprache.

Zoo Duisburg

Exotische Tiere, Erlebniswelten und eine Delfinshow

86

Altersempfehlung: 0–99 Jahre
Aufenthaltsdauer: den ganzen Tag
Wetter: bei jedem Wetter (es gibt genügend Tierhäuser)

Mülheimer Straße 273, 47058 Duisburg
Telefon 02 03-30 55 90
Telefax 02 03-3 05 59 22
info@Zoo-Duisburg.de
www.zoo-duisburg.de
Facebook: Zoo Duisburg
GPS Eingänge: Haupteingang Mülheimer Str. (Navi Klöcknerweg) 51°26'0.79"N, 6°48'24.90"E / Tigereingang Carl-Benz-Straße (Navi Carl-Benz-Str. 15) 51°26'16.76"N, 6°48'32.37"E

Öffnungszeiten Kassen: Sommer (1. März–31. Oktober): 9–17.30 Uhr, Tierhäuser schließen um 18.30 Uhr, Winter (1. November–28./29. Februar): 9–16 Uhr, Tigereingang nur So+Feiertage, Tierhäuser schließen um 16 Uhr

Preise (Auszug): Erwachsene 16,90 €
Kinder 3–17 Jahre 9,90 €,
Ermäßigte 14,90/8,90 €
Anreise: A3/A40 Abfahrt „Kaiserberg", ab hier ist der Zoo ausgeschildert.
Parkgelegenheit: am Zoo (ausgeschildert, 3 € Parkgebühr)
Öffentliche Verkehrsmittel: Straßenbahnlinie 901, Buslinien 924+933, Haltestelle „Zoo/Uni"
Kinderwagen-/Rollstuhl: barrierefrei, allerdings kann durch Steigungen und auf manchen Wegen durch den Sand- oder Mulchbelag das Vorankommen erschwert werden; kostenloser Rollstuhlverleih (gegen Pfand) nach Voranmeldung; Bollerwagenverleih: 3 €
Gastronomie/WC: vorhanden
Behinderten-WC: am und im Delfinarium, am Kinderspielplatz und am Aquarium
Wickelstation: am Delfinarium, am Kinderspielplatz, am Aquarium und am Haupteingang

Auch der Zoo Duisburg ist ein beliebter Klassiker, den viele Eltern schon aus ihrer Kindheit kennen. Am Haupteingang empfangen uns die Giraffen. Das Gehege ist so angelegt, dass wir den Tieren und diese wiederum uns direkt in die Augen schauen können, was nicht nur die Kinder sehr beeindruckt. Im Rio Negro treffen wir auf den freundlich aussehenden Flussdelfin, dessen im Salzwasser lebende Artgenossen, die Großen Tümmler, auf der anderen Seite der Autobahn im Delfinarium täglich zeigen, was sie alles können. Die Landschaftsbrücke über die Autobahn ist auch ein Kunstwerk für sich – wer sie überquert, nimmt kaum wahr, dass er sich auf einer Brücke befindet, doch wer will, kann von den Aussichtspunkten aus einen Blick in die Tiefe riskieren. Riesengroß und schön ist auch die Anlage der Erlebniswelt, in der Spielplatz, Streichelzoo und Erlebnisbauernhof nebeneinander für reichlich Spielspaß und Erlebnisse sorgen. Auf keinen Fall verpassen darf man – gleich nebenan – die Fütterung der Seehunde, Seelöwen (mit Vorführung) und Pinguine. Im Äquatorium gibt es nicht nur Affen – wir sehen Schildkröten und Flusspferde, und irgendwann merken wir, dass über uns ein Faultier an der Decke hängt. Der Anblick der puscheligen, schlafenden Beuteltiere im Koalahaus ist etwas ganz Besonderes – so etwas bekommt man nur selten zu sehen! Wir laufen kreuz und quer und haben doch am Ende nie alles gesehen. Es gibt einfach zu viel – wir müssen nochmal wiederkommen! Ab 2016 gibt es eine neue Tigeranlage.

Hier im Affenhaus entstanden übrigens die Gemälde, die die moderne Kunstwelt „genarrt" haben. Wer den Zoo von früher kennt, hat sicherlich besonders große Freude am Zoomuseum mit alten Fotos und Dokumenten.

Königlicher Burgers' Zoo in Arnheim

Exotische Tierwelten, Spiel und Spaß bei jedem Wetter

88

Altersempfehlung: 0–99 Jahre
Aufenthaltsdauer: den ganzen Tag
Wetter: bei jedem Wetter, es gibt genügend
Themenhäuser

Antoon van Hooffplein 1, NL-6816 SH Arnhem
Telefon 00 31-26-4 42 45 34 oder 4 45 03 73
Telefax 00 31-26-4 43 07 76
info@burgerszoo.nl, www.burgerszoo.nl
www.burgerszoo.de
Facebook: www.facebook.com/burgerszoo,
Burgers' Zoo
Twitter: www.twitter.com/burgerszoo
GPS: 52° 0'26"N, 5°53'54.39"E

Öffnungszeiten:
1. März–31. Oktober täglich von
9 Uhr–19 Uhr,
1. November–28. Februar täglich von
9 Uhr–17 Uhr (Sonnenuntergang)

Preise: 0–3 Jahre frei, 4–9 Jahre 18,50 €,
Erw.: 20,50 €
Anreise: A3/E35 (in NL A12) bis Ausfahrt
„Arnhem Noord", ab hier den Schildern zum
„Burgers' Zoo" und „Openluchtmuseum"
folgen.
Parkgelegenheit: direkt am Zoo,
Parkmünze 5 €
Behindertenparkplatz: vorhanden
Öffentliche Verkehrsmittel: Stadsbus 3,
Haltestelle „Burgers' Zoo"
Kinderwagen-/Rollstuhl: barrierefrei
Gastronomie: mehrere Restaurants
und Kioske
WC/Behinderten-WC/Wickelstation/
Schließfächer: vorhanden

Hier sind es die kleinen Dinge am Rande und die liebevolle Ausgestaltung, die uns bei unserem Besuch besondere Freude machen. Im Burgers' Zoo gibt es so viel zu sehen und zu erleben: die klassischen Zoogehege im Außenbereich, wie im südost-asiatischen „Rimba" oft thematisch gegliedert und als Rundweg angelegt (so dass wir am Ende alle Gehege gesehen haben), die „Safari", eine Savannenlandschaft mit überdachtem „Wandelgang" und Beobachtungshütten, und dann die Themenhallen – den tropischen „Bush", die nordamerikanische Wüste („Desert"), den „Ocean" und die „Mangrove". Diese Hallen sind meistens durch längere Tunnelsysteme miteinander verbunden, doch auch hier wird dafür gesorgt, dass alle Besucher Spaß haben. Es werden nachtaktive Tiere gezeigt, und für die Kinder gibt es Höhlen und Gänge zum Erkunden. Auf keinen Fall darf man die großen Spielmöglichkeiten verpassen: das „Avonturenland" (Abenteuerland), einen riesigen Spielplatz, und den „Kids Jungle" mit Indoor-Klettermöglichkeiten und Rutschen – beide mit separaten Spielmöglichkeiten für Kleine (bis 5 Jahre) und Große (5–12 Jahre) und auch für die Eltern frei zugänglich. Dass es hier Gelegenheit zum Sitzen und Essen gibt, versteht sich fast schon von selbst. Doch neben all dem Spiel und Spaß sind es immer noch die Tiere, die uns staunen lassen: die Rochen, die im Tunnel über uns hinweg schwimmen, die Tigermutter, die mit ihrem Jungen schmust, eine aufgeregte Klapperschlange oder auch die Herden in der Savanne, die wir von der Aussichtsplattform aus bewundert haben.

Auf der Internetseite gibt es einen Kinderbereich mit Ausmalbildern.
Burgers' Zoo gibt es mittlerweile über 100 Jahre. Die „Fasanerie Buitenlust" befand sich übrigens ursprünglich in 's-Heerenberg, also nur 5 km von Emmerich entfernt!

TerraZoo in Rheinberg

Reptilien hautnah

Altersempfehlung: > 3 Jahre
Aufenthaltsdauer: > 2 Stunden
Wetter: bei jedem Wetter

TerraZoo
Melkweg 7, 47495 Rheinberg
Telefon 0 28 43/90 16 85,
Telefax 0 28 43/90 16 86
info@terrazoo.de, www.terrazoo.de
Facebook: Terra Zoo Rheinberg
GPS: 51°32'17.73"N, 6°36'47.88"E

Öffnungszeiten:
Di–So (während der Schulferien auch Mo)
10–18 Uhr
Preise: Erwachsene 10,50 €
Kinder (3–16 J.)+ermäßigt 8,50 €
Familienkarten 25,50 € (1 Kind) –
39 € (4 Kinder)

Anreise:
57 Abfahrt Rheinberg, 2 km Richtung Rhein-
berg fahren, an der Ampel (B57) geradeaus ins
Industriegebiet fahren (An der Neuweide), am
Stoppschild links abbiegen (Melkweg). Der
TerraZoo befindet sich nach etwa 250 m auf
der rechten Seite.
Parkgelegenheit: am Haus
(GPS 51°32'18.75"N, 6°36'47.96"E)
Behindertenparkplatz: nicht ausgewiesen, aber
genug Parkmöglichkeiten direkt vor der Tür
Öffentliche Verkehrsmittel: Buslinie 913,
Haltestelle „TerraZoo"
Kinderwagen-/Rollstuhl: barrierefrei zugänglich

Gastronomie: im Haus
WC/Behinderten-WC/Wickelstation: vorhanden

Wer keine Berührungsängste hat, kommt hier voll auf seine Kosten. Zunächst mag die Halle mit den Terrarien recht übersichtlich erscheinen, aber es gibt hier so viel zu sehen. Am Eingang begrüßen uns Totenkopfäffchen und Schildkröten, dann ziehen uns die Terrarien in ihren Bann. Wir erfahren, dass die Schwarze Mamba deutlich schneller ist als ein Fahrradfahrer (bis zu 35 km/h) und bewundern die 6,50 m lange Netzpython, die sich 3 m hoch steil aufrichten kann und uns durch die Scheibe forschend von oben herab anschaut. Wir entdecken Vogelspinnen und Skorpione, und die Schilder geben Auskunft darüber, wie giftig die Reptilien sind (drei Totenköpfe auf rotem Grund sind wirklich übel!). Erkennen Sie das wandelnde Blatt? Manche Tiere verstehen sich zu tarnen, und es lohnt sich, vor jedem Terrarium stehenzubleiben und zu suchen. Immer wieder gibt es Neues und Besonderheiten zu bestaunen, zum Beispiel ein Albinokrokodil. Auf keinen Fall verpassen sollte man die Kurzführungen, die in einem der Themenräume „Dschungel", „Wüste" und „Gebirge" stattfinden. In lebendiger Sprache werden hier beispielsweise heimische oder exotische Reptilien vorgestellt, zunächst in einem Vortrag, später auch live zum Anfassen. Kinder werden aktiv mit einbezogen, und wer am Ende die Schlange berührt, sie auf die Hände nimmt oder sie sich um den Hals legen lässt (natürlich nur, wenn er dies auch möchte), wird dieses Erlebnis so schnell nicht mehr vergessen. Noch intensiver ist der Kontakt mit den Reptilien oder auch Spinnen bei einem „Fotoshooting mit dem Lieblingstier", das sich gegen Gebühr (auf den Aushang achten) schnell und unkompliziert durchführen lässt. Die strahlenden Augen auf dem Foto sprechen Bände …

Interessante Zusatzangebote: „Tierpfleger für einen Tag", „Fotoshooting mit dem Lieblingstier", Themenführungen, Zooschule, Tierpatenschaften
Im Sommer gibt es draußen ein zusätzliches Café und einen Außenspielplatz.
Es dürfen keine Speisen und Getränke mitgebracht werden.

Sea Life Aquarium Oberhausen

Eintauchen in die Geheimnisse des Meeres

Altersempfehlung: 3–99 Jahre
Aufenthaltsdauer: > 2 Stunden
Wetter: auch bei schlechtem Wetter

Zum Aquarium 1, 46047 Oberhausen
Telefon 02 08/44 48 84 44,
oberhausen@sealife.de,
www.visitsealife.com
Facebook: SEA LIFE Abenteuer Park
GPS: Aquarium 51°29'39.30"N, 6°52'52.13"E

Öffnungszeiten: täglich 10 Uhr–18.30 Uhr,
letzter Einlass 17 Uhr (24.12. geschlossen)
Preise 2016 (Auszug): Eintritt 19,95 €/Person
(online ab 11,95 €/Person) Kombiticket mit
Legoland Discovery Centre 24,95 €
(1 Erw. + 1 Kleinkind wochentags vor 13 Uhr
zus. 14 €)

Anreise: Autobahn A42 bis Ausfahrt „Neue
Mitte", dann folgen Sie der SEA LIFE Aben-
teuer Park-Beschilderung. Kostenlose Park-
plätze am CentrO, Parkhaus 3 oder 4 liegen
am nächsten. Zu Fuß beim Verlassen des
Parkhauses rechts halten, am CentrO vorbei
Richtung Wasser laufen.
Parkgelegenheit: CentrO-Parkhäuser 3+4,
GPS 51°29'30.66"N, 6°53'0.14"E
Behindertenparkplatz: am Gasometer
Öffentliche Verkehrsmittel: mit Bus und
Straßenbahn, Haltestelle „Neue Mitte"
Kinderwagen-/Rollstuhl: barrierefrei mit
Fahrstuhl
Gastronomie: vorhanden
WC/Behinderten-WC: vorhanden
Wickelstation: vorhanden

Wer hätte gedacht, dass auch unsere heimische Unterwasserwelt so spannend ist!
Gleich im ersten Raum stranden wir und beobachten über lange Zeit die riesigen
Hechte. Kurz darauf stehen wir verzückt vor den Seepferdchen. Ganz besonders
schön ist, dass genügend Tiere in den Becken sind, um zum Beobachten wirklich
interessant zu sein. Eine spaßige Abwechslung und ein guter Anlass zur Pause sind
die quirligen Otter. Wir dürfen auch Haieier anfassen und Seesterne berühren und
bekommen ausführlich erklärt, wie Haie so „ticken". Die Gänge sind dabei sehr
spannend dekoriert und mit Licht (oder keinem Licht) in Szene gesetzt. Wir können
mitten im Raum stehen und von Fischen umkreist werden. Und dann ist es so weit:
wir stehen im Haitunnel, und um uns herum, rechts, links und über uns schwimmen
Haie und Rochen und auch eine Schildkröte an einem Schiffswrack. Wir lernen die
Lebensräume im und am Wasser kennen und können schließlich aus dem Glas-
bodenboot das Ganze erneut „von oben" erleben.

Mit dem SeaLife-Abenteuerpass können Kinder an verschiedenen Stationen
Kontrollfragen zu dem vermittelten Wissen beantworten und sich so einen
Stempel „verdienen".
Sie können das Anstehen am Eingang zum Aquarium deutlich verkürzen,
wenn Sie bereits online oder am Legoland-Eingang ein Ticket erworben haben.

ZOOM Erlebniswelt Gelsenkirchen

Eine Weltreise an einem Tag nach Afrika, Asien und Alaska

Altersempfehlung: 0–99
Aufenthaltsdauer: den ganzen Tag
Wetter: bei jedem Wetter

ZOOM Erlebniswelt
Bleckstraße 64, 45889 Gelsenkirchen
Telefon 02 09/9 54 50
Telefax 02 09/9 54-51 30
info@zoom-erlebniswelt.de
www.zoom-erlebniswelt.de
Facebook: Zoom Erlebniswelt Gelsenkirchen
GPS: 51°32′31.92″N, 7° 6′37.48″E

Öffnungszeiten:
März–Oktober 9–18 Uhr
April–September 9–18.30 Uhr
November–Februar 10–17 Uhr
Heiligabend, Silvester 10–14 Uhr
Rosenmontag 9–18 Uhr
Kassenschluss ist jeweils eine Stunde vorher.
Die Eingangstore zu den Erlebniswelten
schließen jeweils 30 Minuten vorher.

Öffnungszeiten der Fahrgeschäfte:
African Queen bis jeweils 50 Minuten vor
Zooschließung (Von November bis Februar ist
die African Queen nicht in Betrieb)
Alaska Ice Adventure bis jeweils 30 Minuten
vor Zooschließung

Preise (Auszug, Stand Dez. 2015):
Sommersaison (1. März–31. Oktober)
Erwachsene 19,50 €, Kinder 4–12 Jahre 12,50 €
Schüler, Studenten 14,50 €
Hunde 5,50 €
Wintersaison (1. November–28./29. Februar)
Erwachsene 14,50 €, Kinder 4–12 Jahre 9,50 €
Schüler, Studenten 11,50 €,
Anreise: A 2 Oberhausen-Hannover: Abfahrt
Gelsenkirchen-Buer oder Abfahrt Herten, Bundesstraße: B 226 und B 227, Hinweisschildern
ZOOM Erlebniswelt folgen

A 42 Herne-Duisburg (Emscherschnellweg): aus Richtung Duisburg: Abfahrt Gelsenkirchen-Schalke, Hinweisschildern ZOOM Erlebniswelt folgen

Parkgelegenheit: 3,50 €

Behindertenparkplatz: vorhanden

Öffentliche Verkehrsmittel: Straßenbahn-Linie 301 aus Richtung Gelsenkirchen Hauptbahnhof und Buer Rathaus, Haltestelle „ZOOM Erlebniswelt"/Buslinie 342 an Sonn- und Feiertagen, Haltestelle „ZOOM Erlebniswelt"

Kinderwagen-/Rollstuhl: Rollstühle können ausgeliehen werden (Reservierung erwünscht). Kein Shuttleservice von den Parkplätzen.

Gastronomie: vielzählige themenbezogene gastronomische Einrichtungen

WC/Behinderten-WC/Wickelstation: vorhanden

Schon ein Besuch der Internetseite ist ein Vergnügen. Beim virtuellen Besuch der verschiedenen „Welten" – Afrika, Asien und Alaska – erfahren wir bereits, welche Tiere dort leben, wie die Landschaft aussieht und welche besonderen Erlebnisse auf die Besucher warten. Und dann sind wir endlich da! In jeder Themenwelt wartet eine besondere Umgebung auf uns, die sowohl für die Tiere als auch für die Besucher weitläufig gestaltet ist. Überall am Wegesrand gibt es kleine und größere Spielgelegenheiten für die Kinder, dann wieder können wir ein aufregendes Abenteuer erleben, zum Beispiel in „Alaska" auf einer Hängebrücke in der Nähe eines Wasserfalls Bären beobachten, hoch oben über den Canopy-Pfad in der Erlebniswelt „Asien" auf gleicher Höhe mit den Orang-Utans durch die Baumwipfel laufen oder bei der Bootstour mit der „African Queen" durch die afrikanische Savannenlandschaft gleiten. So erleben wir immer wieder eine vielfältige Tierwelt ohne sichtbare Grenzen. Vielen Tieren kann man an der einen oder anderen Stelle durch Glasscheiben direkt ins Auge sehen. In der Buschsavanne auf dem Aussichtsturm „Serengeti View" ist dies mit den Giraffen sogar unmittelbar möglich. Gut, dass die unzähligen themenbezogenen Indoor- und Außenspielplätze, die unsere Kinder zum Klettern und Toben einladen, oft direkt an den Gehegen liegen, sonst wären womöglich die Tiere schnell vergessen. Und auch wir Eltern können uns in Ruhe in den Schatten setzen, uns ausruhen und die Tiere und spielenden Kinder beobachten – egal, in welcher Reihenfolge.

Für 4 € kann ein Bollerwagen gemietet werden. Sie werden an einem Tag nicht alles schaffen. Überlegen Sie sich vorher, welche Landschaften und Erlebnisse Ihnen am wichtigsten sind. Im Alaska Ice Adventure dürfen erst Personen ab 120 cm „mitfahren" – eine gute Wahl für alle Familien, die mit älteren Kindern hier sind.

Kernie's Familienpark im Wunderland Kalkar

Freizeitpark All Inclusive

Altersempfehlung:
Familien mit Kindern von 3–12 Jahren
Aufenthaltsdauer: den ganzen Tag
Wetter: die meisten Attraktionen sind im
Freien und saisonabhängig

Wunderland Kalkar
Griether Straße 110–120, 47546 Kalkar
Telefon 0 28 24/91 00
info@wunderlandkalkar.eu
www.wunderlandkalkar.eu/de/familienpark
Facebook: Wunderland Kalkar/
Kernie Aus Kalkar
GPS: 51°45'43.99"N, 6°19'28.75"E

**Öffnungszeiten (genaue Informationen
erhalten Sie auf der Internetseite):**
Saison: Osterferien bis Ende der NRW-Herbst-
ferien 10–18 Uhr, ca. Mitte Mai bis ca. Anfang
Juli: montags u. mittwochs geschlossen
Mitte April + September bis Anf. Oktober:
nur Sa und So 10–18 Uhr

Preise (Auszug): Personen ab 1,30 m: 27,50 €
Personen unter 1,30 m: 20,50 €, 65+ 20 €
Geburtstage: ab 13 Uhr 15 €, ab 16 Uhr 10 €
Alle Preise inklusive Pommes frites, Eis,
alkoholfreie Erfrischungsgetränke, Kaffee, Tee
Anreise: von Rees bzw. der A3 kommend
(Abfahrt Bocholt/Rees) der B 67 folgen und
über die Reeser Rheinbrücke fahren. 1. Straße
rechts abbiegen, an der Vorfahrtstraße sofort
wieder links (Rheinstraße). Der Straße 3 km
folgen. In einer scharfen Linkskurve rechts abbiegen (Griether Straße) – dieser Straße ca. 1,7
km folgen, dann liegt Kernie's Familienpark
auf der rechten Seite.
Parkgelegenheit: kostenlos am Park
Behindertenparkplatz: vorhanden
Öffentliche Verkehrsmittel: Buslinien SL 42,
97, Haltestelle „Hönnepel", 1,7 km Fußweg
die Griether Straße entlang/Mit der Linie 47
(TaxiBus) ab Goch (bestellen unter
Telefon 0 23 41/8 82 24 44)

Kinderwagen-/Rollstuhl: barrierefrei (ausgenommen einige Attraktionen), teilweise mit Aufzug (z.B. auf das Dach), Rollstuhlverleih (gegen Kaution)

Gastronomie: vorhanden (Pommes frites, Eis, alkoholfreie Erfrischungsgetränke, Kaffee, Tee im Eintrittspreis inklusive, Salat, Kaffee & Kuchen und Schnitzel gegen Aufpreis im Grand Café)

WC/Behinderten-WC/Wickelstation: vorhanden

Kernie's Familienpark ist in jeder Hinsicht anders als andere Freizeitparks – schon seine Vorgeschichte ist außergewöhnlich, wurde die Anlage doch als Atomkraftwerk erbaut und dann nie in Betrieb genommen. Genauso ungewöhnlich ist daraufhin auch die Platzierung der Fahrgeschäfte: Ein Kettenkarussell im Kühlturm, das bis hoch oben über die Kante hinaus aufsteigt (hier gibt es ein herrliches Echo, aber bei der Höhe überwiegt natürlich der Nervenkitzel), ein Riesenrad oben auf einem Gebäude mit Blick auf den Rhein und über die Niederung oder Bumperboot fahren unter dem Kühlturm. Auch die Kartbahn (nicht im Eintrittspreis enthalten) liegt direkt am Rhein. Völlig anders ist auch das Preiskonzept: Im Eintrittspreis sind nach dem „All-you-can-eat"-Prinzip bestimmte Speisen und Getränke enthalten – Gott sei Dank gibt es auch genügend gemäßigte Fahrgeschäfte, die auch mit einem vollen Bauch verträglich sind. Für die ganz Kleinen gibt es einige kleine Bahnen, die teilweise wechselweise geöffnet sind, ein Bällchenbad und Trampoline. Für alle, die es aufregender mögen, sind Achterbahn, Wildwasserbahn oder Kletterwand genau richtig. Auf der Internetseite ist exakt aufgeführt, ab welchem Alter beziehungsweise welcher Größe ein Fahrgeschäft empfehlenswert ist.

Wer an der Vorgeschichte des Wunderlands interessiert ist, sollte das Brütermuseum nicht verpassen!

Ketteler Hof –
der Mitmach-Erlebnispark

Klettern, Toben, Wasserspaß und mit allen Sinnen erleben

98

Altersempfehlung: 1–99 Jahre
Aufenthaltsdauer: den ganzen Tag
Wetter: bei schlechterem Wetter sollte entsprechende Kleidung getragen werden

Rekener Straße 234, 45721 Haltern am See
Telefon 0 23 64/34 09
info@kettelerhof.de, www.kettelerhof.de
GPS: 51°46'46.29"N, 7° 7'53.17"E

Öffnungszeiten: Ende März bis Ende der Herbstferien täglich 9–18 Uhr
Preise (Auszug): Kinder unter 2 Jahren: frei
Kinder ab 2 Jahren und Erwachsene: 14 €
Rollstuhlfahrer, blinde und behinderte Personen: frei
Sommerrodelbahn: 1 €
Bollerwagenmiete: 5 €

Anreise: A3 Ausfahrt „Wesel/Schermbeck"
oder A31 Ausfahrt „Schermbeck": der B58
Richtung Haltern folgen, auf die
A43 Richtung Münster, Ausfahrt 7 „Lavesum",
3,5 km Richtung Reken
Parkgelegenheit: am Hof
Behindertenparkplatz: vorhanden
Öffentliche Verkehrsmittel:
aus Haltern: Buslinie 275
Kinderwagen-/Rollstuhl: barrierefrei; Rollstuhlfahrer benötigen Assistenz, um vom unteren in den höher gelegenen, bewaldeten Parkteil zu gelangen

Gastronomie: Imbiss und Kiosk
WC/Behinderten-WC/Wickelstation:
vorhanden

Hier können kleine, große und ganz große Kinder (damit meine ich die Eltern) den ganzen Tag spielen, toben, hüpfen, klettern und Spaß haben. Für die Kleinsten gibt es mehrere Spielplätze, teils auch zum Matschen mit Wasser, und eine kleine Bimmelbahn. Die ganz Wagemutigen können sich auf die hohen Rutschen oder die Sommerrodelbahn wagen oder sich mit dem Reifenflitzer in die Tiefe stürzen, und die Aktiven können sich auf den Riesenhüpfkissen und Trampolinen so richtig austoben. Wieder andere testen beim Klettern ihre Geschicklichkeit – es gibt zahlreiche Klettertürme, einen Seilwald, einen Motorik-Trail und noch viel mehr. Wir alle haben auf dem weitläufigen Gelände jede Menge Gelegenheiten zum Toben, Schaukeln und Ausruhen. Da fehlen auch Matsch- und Wasserspielgelegenheiten nicht, und es gibt verschiedene Fahrzeuge und Fahrten, während es im Märchenschloss und auf dem Naturerlebnispfad so viel zu entdecken gibt. Reichlich Sitzgelegenheiten, auch für Gruppen, sind vorhanden. Und so findet hier jeder etwas, was ihm so richtig Spaß macht!

Auch Mitgebrachtes darf an den vielen Picknicktischen im Grünen verzehrt werden. Es sind Grillplätze für Selbstversorger vorhanden.
Auf der Internetseite finden sich unter „Neuigkeiten" – „Spiel und Spaß" Ausmalbilder, Bastelbögen und mehr. Auf dem interaktiven Parkplan lassen sich die einzelnen Spielmöglichkeiten mit einem kleinen Eichhörnchen ansteuern und werden ausführlich bebildert – teils mit Videos.
Auch hier gilt wieder: Die Kleidung sollte bequem und gut zum Spielen geeignet sein – keine guten Sachen anziehen und am besten Wechselsachen einstecken!

Freizeitpark Schloss Beck

Freizeitspaß in barockem Ambiente

Altersempfehlung:
Familien mit Kindern von 1–12 Jahre
Aufenthaltsdauer: > 4 Stunden
Wetter: mehrere Indoor-Bereiche, daher
bei jedem Wetter

Am Dornbusch 39, 46244 Bottrop
Telefon 0 20 45/51 34, Telefax 0 20 45/8 45 25
becki@schloss-beck.de, www.schloss-beck.de
GPS: 51°36'46.91"N, 6°58'37.51"E

Öffnungszeiten:
Ende März bis Anfang September und in
den Herbstferien täglich 9–18 Uhr
(Fahrgeschäfte ab 10 Uhr)
Anfang September bis Mitte Oktober
Fr/Sa/So 9–18 Uhr (am besten
genaue Daten im Internet nachschauen)
Preise (Stand 2015): Erwachsene 11 €
Kinder 10 €

Anreise: A31, Abfahrt 40 „Kirchhellen", Rich-
tung Gladbeck-Zweckel/Feldhausen fahren
(Feldhausener Straße), nach 1,5 km links hal-
ten (Warner-Allee), nach 900 m unmittelbar
hinter einer Eisenbahnbrücke rechts abbiegen
(Im Mandel). Diese Straße führt zum Parkplatz.
Parkgelegenheit: in Parknähe,
GPS: 51°36'57.84"N, 6°58'27.22"E
Behindertenparkplatz: vorm Schlosseingang
Öffentliche Verkehrsmittel: Bahn: Bahnhof
„Bottrop-Feldhausen", 300 m Fußweg
Kinderwagen-/Rollstuhl: barrierefrei (ausge-
nommen Schloss und Baumkronenpfad)
**Gastronomie/WC/Behinderten-WC/
Wickelstation:** vorhanden

Dies ist der ideale Freizeitpark für Familien mit jüngeren Kindern. Im Hof des spät-
barocken Wasserschlosses empfangen uns bereits Pferdekarren und in den Boden
eingelassene Trampolins und natürlich der Schlossgeist Becki, dem wir im Park noch
öfter begegnen werden. In den Gebäuden links gibt es gleich mehrere Indoor-Spiel-
anlagen (besonders spannend: die Fledermaushöhle), und im Herrenhaus erwarten
uns bewegliche Puppendioramen, zu denen Märchen erzählt werden oder zauber-
hafte Musik erklingt, aber auch interessante Ausstellungsstücke. Im Schlosskeller
können wir uns so richtig gruseln, und vor dem Portal wartet die Eisenbahn, die
uns durch den Park fährt. Auf der Gartenseite gibt es einen weitläufigen Spielplatz,
Schiffschaukeln, ein Riesenrad und vieles mehr. Hier beginnt auch der neu errichtete
Baumkronenpfad, auf dem wir hoch oben zwischen den Baumkronen Natur erleben
und erfahren können. Auf der anderen Seite der Gräfte erwartet uns ein Freizeitpark
mit Wellenrutschen, Holzspielplatz, einer sehr aufregenden Seilbahn über einen Arm
des Sees, Karussells, einer steilen Schussfahrt ins Wasser, einem Riesenrad und mit
der Marienkäfer-Achterbahn – aufregend und rasant genug für alle Abenteuerlus-
tigen, aber auch genau richtig für Kinder ab 6 Jahren, die noch keine Erfahrung mit
Achterbahnen haben. Kurzum: ein sehr vielfältiges Programm mit liebevoll gepflegten älteren Attraktionen, an die sich das eine oder andere Elternteil sicher noch gerne
erinnert, aufregenden Fahrgeschäften, entspannten Spiel- und Aufenthaltsmöglich-
keiten und intensivem Naturerlebnis.

Tipp: Stoppersocken für die Indoor-Spielplätze nicht vergessen!
Eine große überdachte Spielanlage wurde 2014 errichtet.

Amusementspark Tivoli, NL-Berg en Dal

Attraktionen, Spielplatz und mehr für kleine Leute

Altersempfehlung: 2–12 Jahre
Aufenthaltsdauer: > 3 Stunden
Wetter: bei jedem Wetter

Amusementspark Tivoli
Oude Kleefsebaan 116
NL-6571 BK Berg en Dal (bei Nijmegen)
Telefon 00 31-24-6 84 44 44
info@parktivoli.nl, www.parktivoli.nl
Facebook: Park Tivoli
GPS: 51°49'3.58"N, 5°55'30.12"E

Öffnungszeiten:
ca. Anfang April bis ca. Ende Oktober
Siehe Internetseite für aktuelle
Öffnungszeiten (Openingstijden)
Preise (Auszug):
Kinder bis 1 Jahr: frei/ab 2 Jahren: 12,50 €
Senioren 65+: 6 €
Menschen mit Handicap: 7,50 €
Siehe Internet für aktuelle Eintrittspreise,

Online-Rabatte, Arrangements, Kinderfeste
und Schulausflüge
Anreise: Anreise: Von Kranenburg aus Richtung Wyler fahren (Nimweger Straße, K44), in
Wyler links Richtung Groesbeek und sofort
wieder rechts Richtung Nijmegen/Berg en
Dal. Der Strecke (Oude Kleefsebaan) etwa
3,2 km folgen, dann liegt der Park auf der
linken Seite.
Parkgelegenheit: direkt am Park, Gebühr 2,00 €
Behindertenparkplatz: nicht separat ausgewiesen
Öffentliche Verkehrsmittel: Buslinie 8
(Nijmegen Centraal Station – Berg en Dal/
Kleve), Haltestelle „Groot Berg en Dal",
ca. 5–10 Minuten Fußweg
Kinderwagen-/Rollstuhl: Rampen und gepflasterte Wege
Gastronomie/WC/Behinderten-WC: vorhanden
Wickelstation: vorhanden

Hier fühlt man sich wie auf der Kirmes, nur dass die Fahrgeschäfte auch für kleinere Kinder geeignet sind. All die Attraktionen, die wir in groß kennen, gibt es hier „in klein": Ein Mini-Riesenrad, eine bunte Eisenbahn, die durch einen Bauernhof fährt, in dem auch eine kleine Show stattfindet, ein Flugzeug und einen Mini-Fliegenden-Teppich – sozusagen zum Eingewöhnen und Ausprobieren für alle, die auf der Kirmes noch nicht mitfahren möchten oder dürfen. Neben einer Marienkäfer-Achterbahn und einer Geisterbahn gibt es aber auch eine Midgetgolfbahn, Luftkissenrutschen, eine kleine Autofahrt, Selbstfahrer, Bumperboote, Trampolins, ein Kettenkarussell, einen Spielplatz und vieles mehr. Bei schlechtem Wetter oder wenn noch mehr Spielen gefragt ist, können die Kinder im hinteren Bereich des Parkrestaurants auf einem Indoor-Spielturm mit drei Etagen spielen, klettern und toben. Hier gibt es auch einen Kleinkinderbereich. Ein bunt gemischter Freizeitpark für kleine Leute!

Bei einigen Fahrgeschäften gibt es Größenbegrenzungen – bitte darauf achten! Stoppersocken für den Indoor-Spielturm nicht vergessen!

Efteling –
Eine Welt voller Wunder

Märchenhafte Welten, magische Momente und rasante Fahrten

Altersempfehlung: 0–99 Jahre
Aufenthaltsdauer: den ganzen Tag
Wetter: viele Indoor-Attraktionen;
bei schlechtem Wetter ist es schön leer

Efteling-Freizeitpark
Europalaan 1, NL-5171 KW Kaatsheuvel
Telefon 0800-55 000 70, kontakt@efteling.de
www.efteling.de, www.efteling.nl
Facebook: Efteling – Freizeitpark
GPS (Eingang): 51°39'0.04"N, 5° 2'36.98"E

Öffnungszeiten: (genaue Informationen unter www.efteling.de)
Mitte Nov. bis Anf. Feb. („Winter Efteling")
11–18 Uhr (Sa, So, Feiertage bis 19 Uhr)
Anf. Feb. bis Anf. April täglich 11–18 Uhr
Anf. April bis Ende Juni täglich 10–18 Uhr
Juli und August 10–20 Uhr (Sa bis 24 Uhr)
Sept. bis Mitte/Ende Okt. täglich 10–18 Uhr
Mitte/Ende Okt. bis Anf./Mitte Nov. täglich
11–18 Uhr

Preise (Auszug):
Kinder und Erw. (4–60 Jahre): 36 €/Person
Kinder bis 3 Jahre: frei
Senioren 60+ und Menschen mit
Behinderung: 2 € Ermäßigung
(Online ist es etwas günstiger)
Anreise: Nijmegen in Richtung Wijchen durchqueren. Der N326 folgen in Richtung 's-Hertogenbosch. Am Knooppunt Bankhoef auf die A50 Richtung 's-Hertogenbosch/Eindhoven. Nach 11,6 km am Knooppunt Paalgraven auf die A59 Richtung 's-Hertogenbosch/Oss. Am Knooppunt Hintham rechts halten und weiter der A2/A59 Richtung Utrecht folgen. Kurz darauf am Knooppunt Empel wieder auf die A59 Richtung Waalwijk. Abfahrt 37 „Waalwijk" abfahren (N261), ab hier ist der Park ausgeschildert.
Parkgelegenheit: am Park, Parkgebühr 10 €
Behindertenparkplatz: vorhanden

Öffentliche Verkehrsmittel: Strecke s-Hertogenbosch – Tilburg, Buslinien 300, 301, 302, 303, 304, Haltestelle „Efteling"

Kinderwagen-/Rollstuhl: barrierefrei, spezielle Eingänge an fast allen Attraktionen, die ggf. auch zum Einsteigen angehalten werden (bei Antritt des Besuchs beim Gästeservice am Haupteingang melden) – interaktive Hörgeräte für Hörgeschädigte

Gastronomie/WC/Wickelstation: vorhanden

Behinderten-WC: barrierefreie Toiletten in allen Toilettenanlagen vorhanden

Was Efteling so besonders macht, sind die liebevollen Kleinigkeiten und Details. Teenies werfen sich auf die Knie, um zu sehen, wo die Musik aus den Pilzen herauskommt, und auch Erwachsene staunen den Märchenbaum an, der seine Geschichten erzählt. Und kleine Kinderaugen glänzen sowieso schon längst, spätestens, wenn der erste Papierkorb „Papier hier" gerufen hat und sich für eine Gabe Müll mit „Dankje well" bedankt (also immer schon den Müll aufheben, bis so ein Mülleimer am Wegrand steht!). Auch hier gibt es rasante Bahnen, spektakuläre Fahrten und eine Wildwasserbahn, in der man garantiert nass wird. Immer sind sie aber, wie beim Fliegenden Holländer, der sowohl Themenfahrt als auch Achterbahn und Wassersplash ist, in ein Thema eingebunden und mit ihrer eigenen Musik ausgestattet, die den Besucher schon in der Warteschlange begleitet. Das ganze Gebiet ist bewaldet, von Wiesen und Parkanlagen durchzogen und so großzügig, dass man selbst bei großem Besucherandrang immer ein Plätzchen zum Durchatmen oder zum Picknicken findet. Wer müde ist, nimmt die Dampflok, um sich auf die andere Seite des Parks transportieren zu lassen. Besonders schön ist auch, dass auch „alte" Attraktionen wie der Märchenwald, das Spukschloss oder das „Volk van Laaf" mit der Schneckenbahn liebevoll gepflegt und instand gehalten werden. Und irgendwie sind genau diese Dinge es, die Klein und Groß besonders viel Freude bereiten. Wobei: wenn das Alter der Kinder dies zulässt (ab 6), ist ein Besuch der mittelalterlichen Show „Raveleijn" (mit Pferden, Stunts und Drachen) ein Muss, genau, wie man sich vor dem Herausgehen noch unbedingt die Wassershow „Aquanura" anschauen sollte – die ist in der Dämmerung besonders schön. Und wenn es Zeit zum Gehen ist, möchte man eigentlich gerne noch ein paar Stündchen da bleiben ...

Tipp: Gehen Sie zuerst in den Märchenwald. Nach der langen Anfahrt sind die Beine noch frisch, und nirgendwo können Sie so gut in die märchenhafte „Welt voller Wunder" eintauchen wie dort.
Nicht jede Attraktion ist für jedes Alter geeignet. Informationen dazu finden Sie im Internet und auf dem Parkplan. Attraktionen für ganz kleine Kinder liegen fast alle im „Marerijk" (Märchenreich) und im „Reizenrijk" (Reiseland). Achten Sie auf die Showzeiten! Für Raveleijn müssen vorher in der Nähe des Eingangs kostenlose Tickets gezogen werden.

Phantasialand in Brühl

Action, Spaß und Unterhaltung

Altersempfehlung: 4–99 Jahre
Aufenthaltsdauer: den ganzen Tag
Wetter: bei jedem Wetter

Phantasialand
Schmidt-Löffelhardt GmbH & Co. KG
Berggeiststraße 31–41, 50321 Brühl
Ticket-Hotline: 018 06/36 66 00
shop@phantasialand.de
Info-Hotline: 018 06/36 62 00
info@phantasialand.de
Gästeservice im Park:
gaesteservice@phantasialand.de
Facebook: Phantasialand
GPS: Haupteingang 50°47'57.75"N,
6°52'45.64"E

Öffnungszeiten: alle Informationen zu den
Öffnungstagen und -zeiten der Sommersaison und für den Wintertraum erhalten Sie
unter www.phantasialand.de

Preise (Auszug-Stand 2015):
Geburtstagskinder jeden Alters (Ausweis!): frei
(Geburtstagsformular online downloaden)
Kinder unter 4 Jahren: frei
Rollstuhlfahrer/blinde Personen/Kinder mit
50% Behinderung: frei (Begleitperson 22 €)
Personen ab 12 Jahre Wintertraum: 39,50 €
Kinderpreis Wintertraum (4–11 Jahre): 21 €
Schwangere/60+: 21 €
Personen ab 12 Jahre Sommer 2016: 45 €
Kinder (4–11)/ab 50 % GdB/Schwangere/
60+: 29 €
Buggymiete: 3 €+Pfand (Ausweis oder Führer-
schein+20 €)
Bollerwagenmiete: 2 €+Pfand (Ausweis oder
Führerschein+20 €)
Anreise: von der A1/A61 kommend am Kreuz
Bliesheim auf die A553 wechseln, Abfahrt
„Brühl Süd" Richtung Brühl-Süd, rechts in die
Phantasialandstraße, 1. Ampel rechts in die
Berggeiststraße (Phantasialand)

Parkgelegenheit: mehrere Parkplätze am Park, Parkgebühr 4 €/Behindertenparkpl. vorh.
Öffentliche Verkehrsmittel: Shuttlebusse (1,50 €) zum Hauptbahnhof Brühl und zur KVB-Haltestelle der Linie 18 „Brühl-Mitte".
Kinderwagen-/Rollstuhl: der Park selbst ist barrierefrei; welche Attraktionen zugänglich sind, erfahren Sie auf der Internetseite unter „Informationen & Service – Für alle Gäste – Gäste mit Behinderungen"; Rollstuhlverleih: 0 22 32/36-2 40
Gastronomie/WC/Behinderten-WC: vorhanden
Wickelstation: vorhanden (Family Service in der Themenwelt „Berlin" am Pferdekarussell, inkl. Stillecke)

Das Phantasialand war sicherlich schon für viele Eltern das gelobte Land! Hier hat sich seit deren Jugend viel verändert, und es gibt viel Neues zu entdecken: Die Black Mamba beispielsweise, eine Achterbahn für Hartgesottene, der Freefall-Tower im „Mystery Castle", zwei aufregende Wasserbahnen oder auch „Maus au Chocolat", eine Fahrt, bei der wir mit Laserkanonen auf Mäusejagd gehen. Hier gibt es auch eine besonders liebevoll und phantasievoll gestaltete Warteschlange. An allen Attraktionen ist deutlich zu erkennen, für welche Alters- und Größenklasse diese Fahrt oder Show geeignet ist, und Musik trägt uns durch den Park und die Themenwelten „Berlin", „Fantasy" (diese beiden haben auch die meisten Attraktionen für kleinere Kinder – „Wuze Town" nicht verpassen!), „Deep in Africa", „Mexico", „China Town" und „Mystery". An mehreren Stellen im Park hängen Übersichtstafeln mit den aktuellen Wartezeiten, die die Tagesplanung erleichtern. Selbst wenn wir uns auf einer Bank ausruhen, macht es Spaß, den Fahrten zuzuschauen oder zu sehen, wie Klein und Groß sich amüsieren. Interessant für Eltern mit kleinen Kindern, die beaufsichtigt werden müssen, während die Eltern ein Fahrgeschäft benutzen, ist der „Baby Switch". Beim Aussteigen das Personal ansprechen, dann darf das zweite Elternteil anschließend in die Attraktion, ohne sich anzustellen. An den Eingängen und beim Family Service gibt es Kinderarmbänder, auf denen Sie Ihre Telefonnummer notieren können und das Abenteuer-Tour-Buch (weitere Familieninfos auf der Internetseite unter „Informationen & Service – Für Familien"). Tipp: An Regentagen ist es nicht so voll – die Attraktionen können direkt oder mit kürzeren Wartezeiten betreten werden. Falls möglich außerhalb der Ferien an einem Wochentag fahren.

Movie Park Germany

Kurzurlaub in Hollywood

Altersempfehlung: 4–99 Jahre
Aufenthaltsdauer: den ganzen Tag
Wetter: genügend Indoor-Attraktionen, daher bei jedem Wetter

Movie Park Germany GmbH
Warner Allee 1, 46244 Bottrop
Telefon 0 20 45/89 98 99
Telefax 0 20 45/89 97 06
info@moviepark.de, www.moviepark.de
Facebook: Movie Park Germany
GPS: 51°37′15.02″N, 6°58′21.15″E

Öffnungszeiten: (genaue Tage und Zeiten: siehe Öffnungszeiten-Kalender auf der Homepage), Anfang April+Sept. Fr/Sa/So, ab Mitte April bis Ende August täglich geöffnet, mind. 10–18 Uhr
NRW-Sommerferien 10–20 Uhr
Oktober: siehe Öffnungszeiten-Kalender auf der Homepage

Preise (Auszug):
Tageskarte ab 12 Jahren: 37 €
Tageskarte 4–11 Jahre/65+: 29 €
Tageskarte Schwangere: 29 €
Tageskarte Familien (2 Erw.+3 Kinder): 145 €
Gäste mit Behinderungen (je nach Behinderungsgrad und Alter): 29 €/25 €/frei (Begleitperson in diesem Fall 18,50 € – genaue Infos auf der Homepage unter „Info – Services – Gäste mit Behinderung")
Anreise: A31, Abfahrt 40 „Kirchhellen", Richtung Gladbeck-Zweckel/Feldhausen fahren (Feldhausener Straße), nach 1,5 km links halten (Warner-Allee), nach 900 m unmittelbar hinter einer Eisenbahnbrücke links abbiegen zum Movie Park.
Parkgelegenheit: am Park
Behindertenparkplätze: in der ersten Parkreihe, links von der Kasse

Öffentliche Verkehrsmittel: Bahn: Bahnhof „Bottrop-Feldhausen", Buslinie SB16 von Essen Mitte, Haltestelle „Movie Park"
Kinderwagen-/Rollstuhl: barrierefrei, kostenloser Rollstuhl-Service, Leihgebühr

Buggy 5 €; nicht jede Attraktion ist für Rollstuhlfahrer zugänglich.
Gastronomie/WC/Behinderten-WC/ Wickelstation: vorhanden

Hier dreht sich alles um die Themen Film und Hollywood. Und so aufregend oder malerisch die Attraktionen auch sein mögen, das Einzigartige an diesem Park ist das amerikanische Ambiente mit Straßenzügen, Shops und Palmen. Gerade im Nickland (einem der größten NICK-Themenbereiche weltweit) und auf dem Hollywood Boulevard kommen die kleinen Gäste auf ihre Kosten, treffen Figuren, die sie aus dem Fernsehen kennen, und erleben kindgerechte Shows und Fahrgeschäfte. Doch es geht auch anders: DER Klassiker ist seit Eröffnung des Parks die Stuntshow, in der mit Action, Verfolgungsjagden und Pyrotechnik großes Kino geboten wird. Großes Kino in 4D bietet auch das Ice Age 4-D Abenteuer – jüngere Ice-Age-Fans sind im Fahrgeschäft Ice Age Adventure ebenso gut aufgehoben. Höher, schneller, weiter: Für Teenies und viele Erwachsene gibt es eine ganze Reihe äußerst aufregender Fahrten, darunter die nach dem Vampirjäger thematisierte Indoor-Achterbahn „Van Helsing's Factory", während die ganze Familie auch in Sachen Wasserbahnen gleich mehrere Fahrten zur Auswahl hat. Wer danach etwas Ruhe braucht, macht es sich auf den gepflegten, gemütlichen Bänken bequem. Da sie oft in der Nähe von Restaurants, Shops und Attraktionen liegen, gibt es hier immer etwas zu sehen, und die eine oder andere Wartezeit auf aktivere Familienmitglieder lässt sich so angenehm verbringen. Am Ende des Tages sind Gäste jeden Alters bestimmt auf ihre Kosten gekommen.

Auch hier gibt es den Baby-Switch. Melden Sie sich am Gästeservice auf dem Hollywood Boulevard, um einen Ausweis zu erhalten. Der zweite Partner darf dann, nachdem er auf das Kind aufgepasst hat, mit dem ersten Partner tauschen, nachdem dieser seine Fahrt beendet hat. Dort im Gästeservice können Sie auch ein Notfallarmband bekommen. Informieren Sie sich über Events! Im Oktober findet immer donnerstags, freitags und samstags das Halloween-Horror-Fest statt. Achten Sie darauf, ob die Attraktionen für Ihre Kinder geeignet sind! Auf der Website können Sie unter „Besuch planen" und/oder „Attraktionen" eine Vorauswahl treffen und sich geeignete Fahrgeschäfte und Shows anzeigen lassen.

Legoland Discovery Centre Oberhausen

Lego zum Bauen, Erfahren und Erleben

Altersempfehlung: 3–12 Jahre
Aufenthaltsdauer: ab 2 Stunden
Wetter: auch bei schlechtem Wetter

LEGOLAND® Discovery Centre Oberhausen
Promenade 10, 46047 Oberhausen
Telefon 0 18 06/66 69 02 20
oberhausen@legolanddiscoverycentre.de
http://www.legolanddiscoverycentre.de/
oberhausen/
Facebook:
LEGOLAND Discovery Centre Oberhausen
GPS: : 51°29'34.78"N, 6°52'45.10"E

Öffnungszeiten:
täglich ab 10 Uhr geöffnet
Mo–Fr bis 17.30 Uhr geöffnet,
letzter Einlass 16 Uhr
Sa–So, an gesetzlichen Feiertagen und
während der Ferien in NRW bis 18:30 Uhr
geöffnet, letzter Einlass 17 Uhr

Sonderöffnungszeiten an bestimmten
Feiertagen – genaue Informationen auf der
Homepage
Preise 2016 (Auszug): Kinder unter 3 Jahren: frei
Eintritt 17,95 €/Person (online 10,50 €/Person)
40 % Nachmittagsticket
Kombiticket mit Sea Life Aquarium 24,95 €
(1 Erw. + 1 Kleinkind wochentags bis 13 Uhr
zus. 14 €)
Spiel- und Spaßset: 3 €
Anreise: Autobahn A42 bis Ausfahrt „Neue
Mitte", dann folgen Sie der SEA LIFE Aben-
teuer Park-Beschilderung. Kostenlose Park-
plätze am CentrO, Parkhaus 3 oder 4 liegen
am nächsten. Zu Fuß beim Verlassen des
Parkhauses rechts halten, am CentrO vorbei
Richtung Wasser laufen.
Parkgelegenheit: CentrO-Parkhäuser 3+4, GPS
51°29'30.66"N, 6°53'0.14"E
Behindertenparkplatz: am Gasometer

Öffentliche Verkehrsmittel: mit Bus und
Straßenbahn, Haltestelle „Neue Mitte"
Kinderwagen-/Rollstuhl: barrierefrei; Fahrge-
schäfte nicht für Rollstuhlfahrer geeignet
Gastronomie:
vorhanden (Flaschenwärmer vorhanden)
WC/Behinderten-WC/Wickelstation:
vorhanden

Wie auch beim „großen" Legoland finden wir hier eine bunte Mischung aus Fahrge-
schäften, beeindruckender Lego-Ausstellung, Spiel- und Baumöglichkeiten und
natürlich ganz viele Legosteine. Die Tour beginnt in der Lego-Fabrik, in der die Kinder
mit anschauen können, wie ein Legostein hergestellt wird. Als Andenken erhält jedes
Kind einen Legostein mit der Saison angepasstem Aufdruck. Weiter geht's mit dem
Fahrgeschäft „Königliches Abenteuer", in dem die Prinzessin gerettet und vor bösen
Wesen beschützt werden muss. Im „Miniland" finden wir verschiedene Ruhrgebiets-
Wahrzeichen, alle maßstabsgerecht in Lego nachgebaut – die Kinder können durch
eine Höhle kriechen und finden sich dann mitten zwischen den Ausstellungsstücken
wieder. Dann öffnet sich der Raum, und es wird quirliger: Wir können das Fahrge-
schäft „Merlins Zauberschüler" nutzen, etwas essen und trinken, die Kinder können
im Indoor-Spielturm toben, mit „Lego Friends" Karaoke singen oder im 4D-Kino
Abenteuer erleben. Doch am schönsten ist es, einfach zu bauen. Im Modellbau-
Workshop oder im „Lego Racers Bau & Test Centre" können wir nach Herzenslust mit
Lego bauen und experimentieren, indem wir Rennstrecken nutzen oder die Erdbe-
bentauglichkeit unserer Häuser testen. Da freuen sich nicht nur kleine Lego-Fans.

Der angrenzende Shop lässt natürlich das Herz eines jeden (kleinen oder großen)
Lego-Fans höher schlagen. Hier gibt es auch Artikel, die Sie so nicht in jedem
Laden finden.

Niederrheinisches Freilichtmuseum mit Spielzeugmuseum

Niederrheinische Geschichte zum Anfassen

Altersempfehlung: ab 4 Jahre
Aufenthaltsdauer: ab 3 Stunden
Wetter: bei jedem Wetter (genug Innenbereiche)

Niederrheinisches Freilichtmuseum
Am Freilichtmuseum 1, 47929 Grefrath
(Hilfsnavigation: Stadionstraße 145)
Telefon 0 21 58/91 73-0
Telefax 0 21 58/91 73-16
freilichtmuseum@kreis-viersen.de
www.niederrheinisches-freilichtmuseum.de
www.facebook.com/NiederrheinischesFrei-
lichtmuseum
GPS: 51°20′48.65″N, 6°20′16.18″E

Öffnungszeiten: täglich außer montags
April–Oktober: 10–18 Uhr
November–März: 10–16 Uhr (Winteröffnungs-
zeiten sicherheitshalber im Internet nachschauen), Karfreitag sowie am 24.,
25. und 31. Dezember geschlossen,
Oster- und Pfingstmontag geöffnet

Preise: Erwachsene: 4,50 €, ermäßigt: 3,50 €
Kinder und Jugendliche (6–17 Jahre): 1,50 €
(am Wochenende freier Eintritt), Familien-
karte: 9 €, Abendkarte ab 60 Min. vor Schlie-
ßung: Erw. 2 €, Kinder und Jugendliche frei
Führungen (bis 30 Personen): 30 €,
Schulklassen/Kindergartengruppen 15 €
Museumspädagogische Programme
(bis 25 Personen): 30 €–50 €
Anreise: in Grefrath in Richtung „Eissport-
zentrum" fahren. Dort nicht parken, sondern
„nebenan" am Freibad „Dorenburg"
(Am Freilichtmuseum 3)
Parkgelegenheit: Parkplatz des Freibades
„Dorenburg" (GPS 51°20′47.36″N, 6°20′24.03″E)
Behindertenparkplatz: Nicht separat ausge-
wiesen – es besteht aber die Möglichkeit, bis
vor den Eingang zu fahren.
Öffentliche Verkehrsmittel:
Buslinien 019 oder 062 Richtung Grefrath
Am Kreuz bis Haltestelle „Eissportzentrum"

Wer das Gelände betritt, wird gleich von Spielgeräten und Bollerwagen begrüßt.
Ähnlich kindgerecht geht es weiter. Auf dem typisch niederrheinisch bewachsenen
Gelände lassen sich alte Gebäude und Hofanlagen aus der Region, die abgebaut
und vor Ort mit den Originalmaßen und -materialien wieder aufgestellt wurden,
begehen. Die meisten sind vollständig eingerichtet und zeigen auf beeindruckende
Weise verschiedenste Handwerksbetriebe mit echtem Zubehör aus alten Zeiten.
Immer wieder gibt es Gelegenheit zum Rasten und Spielen und zum Bewundern der
Tiere, die früher die ländlichen Höfe bevölkerten. In der Dorenburg lassen sich ganze
Zimmer, Kunst- und Alltagsgegenstände und besondere Objekte wie beispielsweise
eine Kriegskasse mit zehn Fallen und einfallsreich präsentierte Sonderausstellungen
bewundern. Das Spielzeugmuseum lässt kleine und große Herzen höher schlagen.
Während die Kinder nicht nur die Ausstellung bestaunen, sondern auch versuchen,
die Geheimschriften zu entziffern oder sich zum Legospielen niederlassen, feiern
die Eltern Wiedersehen mit dem Spielzeug ihrer Kindheit und Jugend und staunen
über die Dinge, die frühere Generationen beim Aufwachsen begleiteten. Historisch
und sozialpolitisch sicherlich besonders von Belang sind die Beiträge zu Spielwelten
im Dritten Reich und zur Vorbereitung auf die Rolle in der Gesellschaft. Im Dachge-
schoss des Gebäudes befindet sich als Tüpfelchen auf dem i noch eine Modelleisenbahn (Vorführzeiten beachten!).

113

Auf der Internetseite gibt es einen Kinderbereich, in dem kindgerecht erklärt
wird, was es im Museum zu sehen und zu erleben gibt, und einen Veranstaltungskalender (unter „Jahresprogramm", auch zum Download) mit einem spannenden
Sonderprogramm.

Explorado Kindermuseum Duisburg

Probieren und experimentieren, spielen und staunen

Altersempfehlung: 2–99 Jahre (konzipiert für 4 bis 12 Jahre)
Aufenthaltsdauer: > 3 Stunden
Wetter: bei jedem Wetter

Explorado Kindermuseum
Philosophenweg 23–25, 47051 Duisburg
Telefon 02 03/29 82 33 40
info@explorado-duisburg.de
www.explorado-duisburg.de
Facebook: Explorado Duisburg
GPS: 51°26'25.65"N, 6°46'13.91"E

Öffnungszeiten:
Di–Do 9–18 Uhr, Fr, Sa, So, Ferien und Feiertage: 10–19 Uhr, Heiligabend, Silvester und Rosenmontag geschlossen
Preise (Auszug):
Tagesticket 16,50 € (Kinder bis einschl. 3 Jahre kostenlos), ermäßigt 12,50 €
Kennenlernticket (60 Minuten) 5 €

Familienkarte (3 Personen) 39,50 €, online 36 €, jede weitere Person 10 €
Anreise: A59 (aus Richtung Wesel): Ausfahrt Duissern, rechts in die Kardinal-Galen-Straße und nach 450 m wieder rechts in den Philosophenweg abbiegen. 1. Straße rechts (Philosophenweg), parken. Nach 100 m liegt das Explorado auf der linken Seite.
Parkgelegenheit: an der Straße (Parkscheibe), GPS 51°26'23.19"N, 6°46'6.34"E
Behindertenparkplatz: an der Straße
Öffentliche Verkehrsmittel: Ab Duisburg Hbf mit dem Bus 934/NE4 in Richtung "Kaßlerfeld/ Am Unkelstein" bis zur Haltestelle "Hansegracht". Dann zu Fuß den Philosophenweg entlang in Richtung Hafenforum. Ein paar Schritte hinter dem Hafenforum befindet sich das Explorado.
Kinderwagen-/Rollstuhl: barrierefrei mit Aufzug
Gastronomie: vorhanden

WC: vorhanden
Behinderten-WC: vorhanden
Wickelstation: vorhanden
Garderobe: vorhanden (unbeaufsichtigt)

Dieses Museum ist ein Paradies für alle, die Spaß am Ausprobieren, Experimentieren und Erleben haben. Die Vielfalt und die Möglichkeiten erschließen sich erst auf den zweiten Blick beim Ausprobieren der Stationen, aber dann vergisst man die Zeit! Es gibt sowohl eher spielerische Elemente wie die Dachshöhle, das Blätterdach oder den Verkleidungsbereich (wobei selbst hier Wissen vermittelt, die Geschicklichkeit trainiert oder Kreativität ausgelebt wird) als auch sehr wissenschaftliche Elemente und eine große Vielfalt, die irgendwo dazwischen liegt. Dadurch kommt jede Alters- 115 stufe auf ihre Kosten. Während im Erdgeschoss Bewegung und Geschicklichkeit an den verschiedensten Stationen (zum Beispiel auf einer Rennbahn mit Geschwindig- keits- und Reaktionszeitmessung) erprobt, trainiert und gemessen werden kön- nen, gibt es in der 1. Etage mehrere Schwerpunkte: eine Ausgrabungsstelle, Wind und Wasser (hier kann zum Beispiel mit einer Kurbel ein Strudel erzeugt oder ein Segelschiff durch den Wind gesteuert werden werden), Hausbau, Technik, einen Fahrzeugparcours mit Ampeln und Schildern und viele, viele Denksport- und Kno- belaufgaben. Spätestens ganz oben unter dem Dach schlägt auch (aber nicht nur) das Elternherz höher: bei Parabolantennen, Dosentelefon, Morsen, Trickfilmstudio, Tonstudio, Blue Screen, Schattenspielen, einem Rückblick in die Radiogeschichte, Le- seecke und noch viel mehr gibt es nur noch viele große und kleine Kinder, die nach Herzenslust spielen und staunen.

Nehmen Sie sich für den Tag nichts weiteres vor, sondern nehmen Sie sich Zeit und lassen Sie sich treiben. Nicht alle Stationen erklären sich von selbst – lesen Sie die Anleitungen oder lassen Sie sich von einem der Museumsscouts helfen! Es gibt Stationen, an denen man mehrere Stunden verbringen kann. Gerade im Dachge- schoss gibt es genügend Sitzgelegenheiten für müde Eltern. Besonders viel Spaß macht ein Besuch im Museum, wenn wenige Besucher da sind. Das ist vor allem an den Wochentagen und gegen Abend der Fall.

Neanderthal-Museum Mettmann

Willkommen in der Steinzeit!

Altersempfehlung: 6–99 Jahre
Aufenthaltsdauer: > 2 Stunden
Wetter: auch bei schlechtem Wetter

Talstraße 300, 40822 Mettmann
Telefon 0 21 04/97 97-0
Telefax 0 21 04/97 97-96
museum@neanderthal.de
fuehrung@neanderthal.de
www.neanderthal.de
Facebook: Neanderthal Museum
GPS: 51°13'35.98"N, 6°57'3.88"E

Öffnungszeiten:
Di–So 10–18 Uhr, Montags geschlossen
Heiligabend, 1. Weihnachtstag,
Silvester geschlossen
Preise (Auszug): Erwachsene: Museum 9 €/
Sonderausstellung 7 €/Kombiticket 11 €
Kinder (6–16 Jahre): 5 €/3,50 €/6,50 €
Minis (4–5 Jahre): 4 €/3 €/5 €

Familien (mind. 1 Kind von 6 bis 16 Jahren):
20% Ermäßigung, Studenten + Behinderte:
6 €/4 €/8 €
Kinder ActionPack: 2,50 €
Anreise: A3 Oberhausen-Köln, Abfahrt Mett-
mann, Richtung Mettmann, ab dort Aus-
schilderung „Neandertal" bzw. „Neanderthal
Museum" folgen.
Parkgelegenheit: in der Nähe, GPS:
51°13'32.85"N, 6°57'3.08"E
Behindertenparkplatz: vorhanden
Öffentliche Verkehrsmittel:
Regio Bahn (S28) Kaarst-Neuss-Düsseldorf –
Mettmann: Haltestelle Neanderthal,
5 Minuten Fußweg zum Museum.
S-Bahn (S8) Mönchengladbach – Düsseldorf -
Hagen: Haltestelle Hochdahl, 15 Minuten
Fußweg zum Museum
Buslinie 741 Mettmann-Hilden: Haltestelle
Neandertal, unmittelbar vor dem Museum

Buslinie 743 Mettmann-Erkrath: Haltestelle Neandertal, unmittelbar vor dem Museum
Kinderwagen-/Rollstuhl: barrierefrei mit Rampe und Fahrstuhl; Rollstuhl kann ausgeliehen werden; auf dem Rundweg zum Wildgehege gibt es auf halber Strecke ein paar Stufen

Gastronomie: Museumscafé, Kiosk am Spielplatz
WC/Behinderten-WC/Wickelstation: vorhanden

Hier wurden die ersten Neanderthaler-Knochen entdeckt, und hier gehen auch wir auf Entdeckungstour – nicht nur im Museum! Mit Audioguides geht es durch die Ausstellung – hier gibt es Extra-Texte für Kinder. Nicht ohne Humor ist auch die Ausstellung selbst. So können wir uns in eine Glasvitrine stellen und so als „Homo sapiens sapiens" Teil der Ausstellung werden. Immer wieder gibt es lebensechte Nachbildungen des Neanderthalers, teils auch in moderner Kleidung, so dass wir erkennen, wie ähnlich er uns bereits war. Kinder haben besonderen Spaß an der Ausgrabungsstelle oder an dem „Kino", in das man von unten den Kopf hineinsteckt, um dann verschiedene Filme anschauen zu können. Mit dem ActionPack können Kinder im Museum an einigen Stellen ausprobieren, wie Neanderthaler gelebt und gearbeitet haben. Im Werkzeug-Bereich können Kinder beispielsweise selbst versuchen, mit einfachen Mitteln ein Loch in eine Holzscheibe zu bohren. Gegen Ende der Ausstellung erleben wir eine beeindruckende Gegenüberstellung des sozialen Lebens der Menschen damals und heute. Und im Keller, bei den Toiletten, findet sich auch ein Kletterturm, wenn die kleineren Besuchern doch einmal ungeduldig werden sollten oder etwas Bewegung brauchen. Im Tal selbst finden wir neben der Fundstelle ein Wildgehege mit Wisenten und Auerochsen- und Tarpan-Nachzüchtungen und einen schönen Spielplatz mit thematisch passenden Spielgelegenheiten.

Ihren Audioguide können Sie mit nach draußen ins Tal nehmen. Auch dort gibt es Informationsstellen. Auf keinen Fall sollten Sie den Museumsshop verpassen – dort gibt es Medien und Materialien aller Art zum Thema Steinzeit, die Sie in dieser Form und Zusammenstellung nirgendwo sonst präsentiert bekommen. Ein großer (wenn auch nicht kostenloser) Spaß ist auch die Morphingbox direkt am Eingang. Hier können Sie sich selbst als Neanderthaler sehen!

Hespertalbahn – Museumseisenbahn Essen

Nostalgische Eisenbahnfahrt am Ufer des Baldeneysees

Altersempfehlung: 3–99 Jahre
Aufenthaltsdauer: > 1 Stunde
Wetter: bei jedem Wetter

Prinz-Friedrich-Platz 1, 45257 Essen
Postadresse: Hespertalbahn e.V.
Postfach 150 223, 45242 Essen
Telefon 02 01/4 08 56 19
info@hespertalbahn.de
www.hespertalbahn.de
Facebook: Hespertalbahn
GPS (Einfahrt Parkplatz):
51°23′35.30″N, 7° 4′42.11″E

Öffnungszeiten:
Betriebstage und Fahrplan siehe Internetseite
(hauptsächlich sonntags, aber nicht jede
Woche,+themenbezogene Fahrten)
Abfahrt am Alten Bahnhof Essen-Kupferdreh
ab 10.30 Uhr alle 75 Min. bis max. 16.45 Uhr

Preise (Auszug):
Erwachsene: einfache Fahrt 2,80 €/Hin- und
Rückfahrt 4 €
Kinder (4 –11 Jahre): 2 €/3 €
Familienkarte: 12 € (Hin- und Rückfahrt,
2 Erw. und bis zu 3 Kinder)
Mitfahrt auf der Lok: Diesel 4 €/Dampf 8 €
Anreise: A40 Ausfahrt „Essen-Zentrum(Ost)",
rechts in die Helbingstraße, nach 190m links
abbiegen auf die Kronprinzenstraße, nach
160 m rechts auf die Ruhrallee. Dieser Straße
folgen (geht über in B227 in Richtung Velbert)
bis zur Ausfahrt Essen-Heisingen. Ab der
Ausfahrt geradeaus dem Verlauf der Haupt-
straße folgen bis zum Alten Bahnhof Essen-
Kupferdreh. Ein Parkplatz befindet sich auf der
rechten Seite.
Parkgelegenheit: in Bahnhofsnähe
Behindertenparkplatz: 1 Stellplatz

Öffentliche Verkehrsmittel:
mit dem Zug: Mit der S9 aus Richtung Essen HBF bzw. Wuppertal bis „Essen-Kupferdreh", etwa 5 Minuten Fußweg bis zum Alten Bahnhof Kupferdreh.
Mit dem Bus: EVAG Buslinie 155 oder 141 bis Haltestelle „Prinz-Friedrich-Straße"/ „Prinz-Friedrich-Platz"

Kinderwagen-/Rollstuhl: Rollstühle dürfen max. 70 cm breit sein; Kinderwagen und Rollstühle werden kostenlos befördert
Gastronomie: Restaurant „Lukas" im restaurierten Alten Bahnhof Essen-Kupferdreh, Peli (www.tvk-essen.de/gastronomie) und Gleis 2 (www.gleis2essen.de)
WC: im Zug vorhanden
Behinderten-WC/Wickelstation: –

Ein Muss für kleine und große Eisenbahnfans! Es ist etwas ganz Besonderes, die alte Dampflok aus der Nähe zu erleben, das Öl zu riechen, den Dampf zu sehen (oder auch darin zu stehen) und das Schnaufen zu hören. Dann steigen wir in den alten Eisenbahnwaggon ein und fühlen uns weit in der Zeit zurückversetzt. Tatsächlich, so hat sich Reisen einmal angefühlt! Auch die Strecke am Ufer des Baldeneysees ist weitgehend sehr idyllisch und allein schon eine Reise wert. Wenn wir am Endbahnhof „Haus Scheppen" mitten im Wald auf die Rückfahrt warten, gibt es reichlich Gelegenheit, Lok und Wagen zu bestaunen. Und die Bahn fährt nicht nur im Sommer: Es gibt viele Themenfahrten, zum Beispiel zu Nikolaus oder am Heiligen Abend. Für zusätzliche 3 € beziehungsweise 6 € ist es sogar möglich, in der Lok mitzufahren. Genau das Richtige für Eisenbahnliebhaber jeden Alters!

Wenn es Ihnen wichtig sein sollte, auf jeden Fall mit der Dampflok zu fahren, sollten Sie auf die entsprechenden Angaben auf der Internetseite achten. Aber auch die Diesellok hat natürlich ihren Reiz. Ein Ausflug zur Hespertalbahn lässt sich wunderbar mit einem Besuch des Eisenbahnmuseums Bochum-Dahlhausen, S. 120–121, des Starlight Express, S. 122–123, des Deutschland-Express (Modelleisenbahn) in Gelsenkirchen oder der Miniaturwelt Oktorail in der Essener Gruga (www.oktorail.de) verbinden – oder einfach mit einem Picknick am wunderschönen Baldeneysee.

Eisenbahnmuseum Bochum

Eisenbahngeschichte zum Anfassen

Altersempfehlung: 5–99 Jahre
Aufenthaltsdauer: > 1 Stunde
Wetter: bei jedem Wetter

Eisenbahnmuseum Bochum
Dr.-C.-Otto-Straße 191, 44879 Bochum
Telefon 02 34/49 25 16
Telefax 02 34/94 42 87 30
E-Mail: info@eisenbahnmuseum-bochum.de
www.eisenbahnmuseum-bochum.de
Facebook: Stiftung Eisenbahn-museum Bochum
GPS: 51°25'57.53"N, 7° 7'33.43"E

Öffnungszeiten:
Saison: Anfang März bis Mitte November
Di–Fr, So+Feiertage 10–17 Uhr
letzter Einlass: 16 Uhr, Mo+Sa geschlossen
Eintrittspreise (Auszug):
Erwachsene: 7,50 €, Kinder (6–14 Jahre): 4 €
Familie (2 Erw.+Kinder): 19 €

Eintrittspreise Museumstage
(siehe Internetseite), Erwachsene: 9,50 €
Kinder (6–14 Jahre): 5 €
Familie (2 Erw.+Kinder): 24 €
Anreise: A40 Ausfahrt 24 „Essen-Huttrop",
rechts abbiegen auf die Steeler Straße –
der Straße 9 km folgen bis zum
Eisenbahnmuseum.
Parkgelegenheit: am Museum
Behindertenparkplatz: nicht ausgewiesen
(in Planung)
Öffentliche Verkehrsmittel:
So+an Feiertagen Zubringerverkehr mit
einem alten Schienenbus (Baujahr 1936) vom
S-Bahnhof „Bochum-Dahlhausen"; Fahrkarten
und Eintrittskarten für das Museum im Zug.
Anreise auch mit der Ruhrtalbahn möglich.
Kinderwagen-/Rollstuhl: Museum ist
weitestgehend barrierefrei

Gastronomie: vorhanden

WC: vorhanden

Behinderten-WC: – (in Planung)

Wickelstation: vorhanden

Kindgerechte Führung, Schatzsuche, Draisinenfahrt – Preis auf Anfrage

Diese alten Lokomotiven und alles, was damit zusammenhängt, faszinieren einfach Groß und Klein! Das beginnt mit dem Entzücken der Eltern oder Großeltern über einen Schienenbus aus deren Kindheit und Anekdoten darüber, wie Zug fahren früher noch war – und genau das können wir hier einfach mit allen Sinnen erleben. Noch viel imposanter sind die alten Dampfloks, erst recht, wenn sie wirklich unter Dampf stehen, zischend einen Höllenlärm veranstalten und es nach Öl und Kohle riecht. Dann stehen wir voller Hochachtung vor der Kaiserlichen Postlok, die vor 100 Jahren gebaut wurde, der gleichaltrigen Petroleum-Motorlok Möhl und weiteren Loks, die unübersehbar an die gute alte Emma aus Jim Knopf erinnern, und bestaunen ehrfürchtig diese Zeitzeugen der Eisenbahngeschichte. Wir nehmen Details wahr, die wir auf Bildern nie erkennen würden. Historische Abteilwagen entführen uns in längst vergangene Zeiten. Ein Blickfang im Freien ist der Lokschuppen mit der Drehscheibe, und wenn wir Glück haben, ist gerade eine Hebeldraisine oder eine Lok dort draußen unterwegs. Dann sind nicht nur die „echten" Kinder, sondern auch die „großen Kinder" mit Feuereifer bei der Sache.

Zweimal im Jahr gibt es hier einen Kindertag. Unter „Veranstaltungen" finden Sie auf der Internetseite die genauen Termine und Informationen über Sonderfahrten, Museumsfeste, Mitfahren im Führerstand und mehr. Bei einem länger geplanten Besuch kann vorab die Teilnahme der Kinder an einer Führung gebucht werden (auf der Internetseite oder per Telefon). Auf der Internetseite finden Sie auch einen Link zur Ruhrtalbahn – auch dies ist eine gute Möglichkeit, historischen Schienenverkehr zu erleben. Ein Ausflug zum Eisenbahnmuseum lässt sich mit einem Besuch des Starlight Express, S. 122–123, der Hespertalbahn, S. 118–119, oder des Deutschland-Express (Modelleisenbahn) verbinden.

Starlight Express

Musical-Erlebnis für alle Sinne

Altersempfehlung: 4–99 Jahre
(Einlass ab 3 Jahre)
Aufenthaltsdauer: 2,5 Stunden
Wetter: auch bei schlechtem Wetter

Stadionring 24, 44791 Bochum
Tickethotline: 0 18 05/20 01
webmaster@starlight-express.de
www.starlight-express.de
www.eintrittskarten.de
Facebook: Starlight Express
GPS: 51°29'33.53"N, 7°14'3.80"E

Vorstellungszeiten:
Mi 18.30 Uhr, Do+Fr 20 Uhr
Sa 15 Uhr+20 Uhr, So 14 Uhr+19 Uhr
Einlass eine Stunde vor Vorstellungsbeginn
Preise (Preiskategorien siehe Saalplan auf der Internetseite):
je nach Preiskategorie und Vorstellung
21,30 €–95,90 € zuzüglich 15% Vorverkaufs-

gebühr + 3 € Systemgebühr/Ticket. Ermäßigungen für Kinder, Schüler, Studenten etc.
Sonderangebote für Frühbucher und in den
Sommermonaten
Anreise: A40, Abfahrt „Stadion/Ruhrkongress"
– ab hier ausgeschildert.
Parkgelegenheit: Parkhaus Stadionring,
Parkgebühr 3,50 €
Behindertenparkplatz: vorhanden
Öffentliche Verkehrsmittel: U-Bahn-Linie 308
vom HBf in Richtung Gerthe bis Haltestelle
„rewirpower-Stadion". Ca. 10 Minuten Fußweg
bis zum Theater./Alternativ vom Hauptbahnhof mit Buslinie 388 in Richtung Keplerweg
bis Haltestelle „RuhrCongress". Ca. 2 Minuten
Fußweg bis zum Theater.
Kinderwagen-/Rollstuhl: barrierefrei –
extra Sitzplätze
Gastronomie/WC/Behinderten-WC: vorhanden
Wickelstation: –

Ein ganz besonderes Erlebnis für alle Sinne, das man sich nur anhand der Fotos oder der Musik gar nicht vorstellen kann, denn hier kommen mehrere Faktoren zusammen: Die Darsteller fahren auf Rollschuhen mitten durch das Publikum – es gibt immer auch ein paar Stunts und Tricks zu bestaunen, und der Fahrtwind lässt unsere Haare flattern. Die Musik stammt von Andrew Lloyd Webber, die Darsteller singen natürlich live, und in einem Raum unterhalb der Bühne befindet sich ein ganzes Orchester - diese „Mischung" wird überall im Saal über Lautsprecher übertragen. Auch das Licht kommt von allen Seiten und setzt Bühne und Darsteller in Szene. Und dann gibt es noch eine Geschichte rund um Eisenbahnen, Liebe, Intrigen und ein spannendes Rennen, das uns mitfiebern lässt und in dem jeder Zuschauer seine eigene Lieblingsfigur findet, mit der er sich identifizieren kann. Romantische Seelen kommen durch die Liebesgeschichte auf ihre Kosten. Durch den Action-Faktor (Rollschuhe, Stunts, Live-Musik) ist jede einzelne Vorstellung anders – so mancher hat sich spätestens beim 2. Besuch infiziert und kommt immer wieder.

Natürlich sind die teuren Plätze auch die mit dem größten Erlebnisfaktor. Besonders schön ist es aber auch im Parkett (hier gibt es im hinteren Bereich auch günstigere Plätze) – dort muss man sich zwar öfter umdrehen und sitzt recht tief, dafür kommt der Fahrtwind von allen Seiten, und man kann den Darstellern direkt in die Augen sehen und sie am Ende persönlich „abklatschen". Besonderes Highlight hier: Das 360°-Parkett mit Drehstühlen direkt vor der Bühne (Kinder brauchen etwas Hilfe beim Drehen).
Verpassen Sie nicht den Tag der Offenen Tür (immer an einem Dienstag in den Sommerferien)! Hier kann man einen Blick hinter die Kulissen werfen, eine Skateshow anschauen und erlebt ein buntes Rahmenprogramm.

Freizeitbad GochNess

Stadtwerke Goch Bäder GmbH
Kranenburger Straße 20, 47574 Goch-Kessel
Telefon 0 28 27/92 00-10
Telefax 0 28 27/92 00 93
gochness@gochness.de, www.gochness.de
Facebook: Freizeitbad GochNess
GPS: 51°42'8.88"N, 6° 5'25.16"E

Öffnungszeiten Wasserlandschaft:
Mo geschlossen, (außer NRW-Schulferien,
dann 10–22.30 Uhr), Di–Fr 10–22.30
Sa, So, Feiertage 10–20 Uhr
Früh-, Spätschwimmen und Sauna siehe
Internetseite
Naturfreibad: Während der Saison von
Juni bis Sept. bei guter Witterung täglich
13–20 Uhr, An Wochenenden, Feiertagen
und in den Ferien 10–20 Uhr
Preise: Kinder bis 4 J. frei, Kinder bis 15 J. Tages-
karte 6 €/3 Stunden 4,20 €/2 Stunden 3,70 €
Erw. 10,50 €/7 €/6 €, Ermäßigte 8,50/

5,50 €/4,80 €, Familienkarte (Eltern mit
eigenen Kindern bis 15 Jahre) 19/13 €/11,50 €
Naturfreibad: Kinder bis 4 J. frei
Kinder bis 15 J. Tageskarte 2 €, Abendkarte
(ab 17 Uhr) 1,20 €
Erwachsene 3 €/2 €, Ermäßigte 2 €/1,20 €
Familienkarte (Eltern mit eigenen Kindern
bis 15 Jahre) 5 €
Anreise: B 504 Goch Richtung Kranenburg,
an der Kreuzung Maasstraße (dort geht es
rechts Richtung Nierswalde und links Rich-
tung Hommersum) noch geradeaus, dann
die 1. Straße rechts. Dort liegt an der rechten
Seite das GochNess.
Parkgelegenheit: am Haus/
Behindertenparkplatz: vorhanden
Öffentliche Verkehrsmittel: Buslinie SL 11, SL
18, Haltestelle „GochNess"
Kinderwagen-/Rollstuhl: Wasserlandschaft
barrierefrei

Gastronomie/WC/Behinderten-WC + Dusche/
Wickelstation: vorhanden
Schwimmkurse (Anmeldung 0 28 27/92 00 10): Babyschwimmen, Kleinkindschwimmen,
Schwimmkurse für Kinder ab 4 Jahren u.v.m.

Im GochNess kann man bei jedem Wetter schwimmen gehen. Während im Sommer
das Naturfreibad im Baggersee Abkühlung verspricht, genießen wir bei jedem
Wetter die abwechslungsreiche Wasserlandschaft. Hier gibt es eine Röhrenrutsche,
eine 6 m hohe Kletterwand, einen Strömungskanal, ein Becken mit Beckensprudlern,
Regengrotte und Whirlliegen, durch das man auch nach draußen schwimmen kann,
ein Sportbecken und ein Lernschwimmbecken. Etwas abseits finden wir den Baby-
pool mit Wasserrutsche, und draußen gibt es ebenfalls ein Kinderbecken. Nebenan
gibt es noch einen schönen Saunabereich, und auf der Internetseite können Sie
unter „Events" erfahren, welche – meist kindbezogenen – Sonderaktionen in der
nächsten Zeit durchgeführt werden.

Freizeit- und Erlebnisbad Embricana

126 Embricana Freizeit- und Sport GmbH
Nollenburger Weg 34
46446 Emmerich am Rhein
Telefon 0 28 22/91 42 10
Telefax 0 28 22/9 14 21 21
info@embricana.de
www.embricana.de
GPS: 51°50'38.59"N, 6°14'14.97"E

Öffnungszeiten:
Mo 15–21 Uhr (während der
Schulferien ab 8 Uhr)
Di–Fr 6–21 Uhr
Sa, So, Feiertage 10–18 Uhr

Preise: Mo–Sa: Kinder 4–15 J. Tageskarte
4,40 €/3 Stunden
3,50 €/2 Stunden 3 €/Happy Hour
(Mo–Fr ab 19 Uhr) 2,40 €
Erw. 8 €/6,50 €/5,50 €/4,50€,

Familienkarte (Eltern mit eigenen Kindern bis
15 Jahre, max. 2 Erw. und 3 Kinder)
Tageskarte 18,50/Happy Hour 9 €, So und
Feiertage: Kinder 4–15 J. 4,90 €/4,20 €/
3,50 €, Erw. 9 €/7,50 €/6,50 €,
Familienkarte Tageskarte 19,50
Anreise: B220 in Richtung Emmerich – hinter
der Rheinbrücke an der 2. Ampel rechts
(Nollenburger Weg). Das Embricana liegt
nach 300 m auf der linken Seite.
Parkgelegenheit: am Haus
Behindertenparkplatz: vorhanden
Öffentliche Verkehrsmittel: Linie SB58,
Haltestelle „Embricana"/Linie 94, Haltestelle
„Nollenburger Weg"
Gastronomie/WC/Behinderten-WC+Dusche/
Wickelstation: vorhanden
Schwimmkurse: Wassergewöhnung 1–3 Jahre,
Wassergewöhnung 3–5 Jahre,
Kinderschwimmen/Seepferdchenkurs, u.v.m.

Hier ist für jeden gesorgt: Es gibt ein Sportbecken mit Sprungturm für diejenigen, bei denen das Schwimmen und der Sport im Vordergrund stehen. Etwas separat liegt der Bereich, in dem wir im Wasser Spaß und Entspannung finden – im Erlebnis- becken mit Grotte und Sprudelpilzen. Direkt nebenan liegt die 86 m lange Röhren- rutsche „Black Hole" mit Licht-, Wasser- und Soundeffekten. Etwas separat gibt es ein großes Planschbecken (mit Rutsche und Wasserspielen) für die ganz Kleinen – im Sitzbereich befindet sich auch ein Laufstall. Im Außenbereich gibt es eine Breitrut- sche. Drinnen und draußen aufhalten kann man sich auch im Thermalbecken, und wem das noch nicht warm und entspannt genug ist, der setzt sich einfach in den Whirlpool und lässt es sich gutgehen.

In allen Bereichen gibt es genügend Sitzgelegenheiten. Im Kleinkinderbereich be- finden sich diese fast unmittelbar am Wasser, so dass die Kleinen gut beaufsichtigt werden können.

Sternbuschbad Kleve

Freizeitbad Sternbusch
Am Freudenberg
Tel. 0 28 21/4 06 30
www.cleverbaeder.de
www.stadtwerke-kleve.de (Produkte & Dienst-
leistungen – Bäder)
GPS: 51°46′10.03″N, 6° 9′4.98″E

Öffnungszeiten und Preise: ab Fertigstellung
auf der o.g. Internetseite

Anreise: B9 aus Goch kommend nach dem
Ortseingangsschild Kleve 1. Straße rechts
abbiegen (Felix-Roeloffs-Straße), nach
650 m links abbiegen (Freudenberg) und
dem Straßenverlauf nach rechts folgen bis
zum Parkplatz
B9 / Klever Ring aus allen anderen Richtungen
an der Kreuzung Nassauer Allee / Albersallee
links abbiegen (der B9 folgen über die
Nassauer Allee), nach 750 m links abbiegen,
nach 650 m links abbiegen (Freudenberg)
und dem Straßenverlauf nach rechts folgen
bis zum Parkplatz
Parkgelegenheit: vor Ort
Behindertenparkplatz: vorhanden
Öffentliche Verkehrsmittel:
Buslinie 46, 51, 54, 70, Haltestelle „Sternbusch-
bad"
Kinderwagen-/Rollstuhl: barrierefrei
Gastronomie / WC / Behinderten-WC: vor-
handen
Wickelstation: vorhanden

Das beliebte Freibad sowie das Hallenbad am Königsgarten sind beide „in die Jahre gekommen". Ab 2016 bauen die Stadtwerke Kleve auf dem bewährten Gelände des Sternbuschbades
ein kombiniertes Frei- und Hallenbad. Geplant sind im Hallenbadbereich ein 25 Meter langes
Familienbecken, attraktive Kleinkinderbecken und ein Ganzjahresaußenbecken. Zusätzlich
stehen ein abtrennbares 25m-Sportbecken mit 1m- und 3m-Sprunganlage und ein Kursbecken
mit Hubboden zur Verfügung. In der Freibadsaison sind draußen eine 5m-Sprunganlage, ein
Nichtschwimmerbecken mit der bekannten 18m-Wellenrutsche und ein variables Schwimmerbecken (25m mit drei 50m-Bahnen) mit einem Nichtschwimmerbereich mit Strömungskanal
nutzbar. Für die kleinen Badegäste sind ein Kleinkinderbecken, eine Flusslandschaft und ein
Matsch- und Sandbereich mit Spielgeräten vorgesehen.

Auf der o.g. Internetseite werden Sie regelmäßig über den aktuellen Stand der Bauarbei-
ten/Fertigstellung sowie später über Preise und Öffnungszeiten informiert.

Parkbad Gelderland

Friedrich-Spee-Straße 19–21, 47608 Geldern
Telefon 0 28 31/37 52
www.parkbad-gelderland.de
GPS: 51°31'1.50"N, 6°19'45.48"E

Öffnungszeiten Wasserlandschaft:
Mo geschlossen (in den Ferien 14–21.30 Uhr)
Di, Mi+Fr 6.45–8 Uhr, 14–21.30 Uhr (in den
Ferien 10–21.30 Uhr)
Do 6.45–8 Uhr, 14–16 Uhr Frauenschw.,
16–18 Uhr Schwimmen in Bahnen (in den
Ferien 10–20 Uhr)
Sa 6.45–8 Uhr, 12–17 Uhr (12–17 Uhr,
Sommerferien bis 18 Uhr)
So 10–17 Uhr (auch in den Ferien)
In den Ferien: Frühschwimmer Di–Sa 6.45–8 Uhr
Öffnungszeiten an Feiertagen: siehe Internetseite

Preise: Kinder unter 6 Jahren frei, Erwachsene
Einzelkarte 3,50 €/Zehnerkarte 30 € /Kurzzeit-
tarif (vor 8 Uhr oder 90 Min. vor Schließung)
2,50 €, Kinder und Ermäßigte 1,70 €/14 €/1 €,
Familienkarte (2 Erw.+2 Kinder oder 1 Erw.+
3 Kinder): 7,50 €/60 €/5 €, Ferienpass: 15 €

Anreise: B9 aus Kevelaer kommend am
Ortseingang Geldern (Ampel) links abbiegen
(Klever Straße), dieser Straße (Übergang Harttor) weiter folgen, über Kreisverkehr Harttor
hinweg bis zur Ampelkreuzung, weiter über
die B58 nach links auf den Nordwann, ander
nächsten Ampelkreuzung abermals links in
das Issumer Tor (B58), nächste Abbiegemög-
lichkeit nach rechts in die Friedrich-Spee-
Straße, nach weiteren 200 m ist das Parkbad
erreicht.
Parkgelegenheit: vorhanden
Behindertenparkplatz: vorhanden
Öffentliche Verkehrsmittel: alle Buslinien:
Haltestelle „Geldern Markt", alternativ Halte-
stellen „Rathaus, „Nordwall" oder „Ostwall" –
ab hier ca. 200 m Fußweg
Infos: www.geldern.de/Wir in Geldern/
Mobilität und Verkehr
Kinderwagen-/Rollstuhl: Aufzug für Behin-
derte; auf Wunsch wird ein Dusch-Rollstuhl
zur Fortbewegung im Parkbad kostenlos zur
Verfügung gestellt
Gastronomie: Cafeteria
WC: vorhanden
Behinderten-WC: vorhanden
Wickelstation: vorhanden
Schwimmkurse: für Kinder ab 5 Jahren

Das Parkbad Gelderland verfügt über ein 25 m langes Mehrzweckbecken mit abgetrenn-
tem Nichtschwimmerbereich mit Gegenstromanlage und Wasserfall. Außerdem gibt es
eine 50 m lange Wasserrutsche, ein Baby- und Kinderbecken und eine Sonnenwiese. Neben
der Wasserlandschaft ist auch eine Sauna vorhanden.

Freizeitbad Wisseler See

Freizeitpark Wisseler See GmbH
Zum Wisseler See 15, 47546 Kalkar
Telefon 0 28 24/96 31-0
Telefax 0 28 24/96 31-31
info@wisseler-see.de, www.wisseler-see.de
Facebook: Freizeitpark Wisseler See GmbH
GPS: 51°45'47.82"N, 6°17'30.19"E

Öffnungszeiten (Rezeption)
ab April 9–20 Uhr täglich
Schwimmen nur in Anwesenheit des Bade-
meisters, für die folgende Kriterien gelten:
je nach Wetterlage ab 13 (an Wochenenden
und in den NRW-Sommerferien
10 Uhr) sonniges und trockenes Wetter
Eintritt bis 17 Uhr, Badeaufsicht bis 18 Uhr –
danach Baden verboten!
Verlassen des Freibadgeländes bis 19 Uhr.

Preise: Erwachsene: 3 €
Kinder ab 2 Jahren: 2,50 €, Familie (Eltern mit
eigenen Kindern bis 15 Jahre): 8,50 €,
Boot: 3,50 €, Saisonkarte: 40 €/20 €/75 €
Anreise: Von Kalkar aus B57 Richtung Kleve,
rechts abbiegen Richtung Wissel, ab hier ist
der Weg ausgeschildert.
Parkgelegenheit: am Freizeitpark
Behindertenparkplatz: vorhanden
Öffentliche Verkehrsmittel: Buslinie 48, Halte-
stelle „Wissel Molkerei", 18 Minuten Fußweg
Kinderwagen-/Rollstuhl: barrierefrei

Gastronomie: SunSeaBar, Restaurant Campino
WC/Behinderten-WC/Wickelstation: vorhanden

Ein schönes Naturfreibad mit einem breiten Sandstrand und Liegewiese, auf der
auch gespielt werden kann. Einzelne Bäume sorgen für Schatten. Kinder erfreuen
sich an einem schönen Holzspielplatz und einer 60 m langen Röhrenrutsche. Zunächst fällt das Wasser flach ab. Hier ist ein Nichtschwimmerbereich abgeteilt, dahinter befindet sich ein Schwimmerbereich. Es gibt ein Beachvolleyball-Feld und eine
Tretboot-Vermietung.

Freibad Kevelaer

Dondertstraße 32, 47623 Kevelaer
Telefon 0 28 32/7 01 65
info@freibad-kevelaer.de
www.freibad-kevelaer.de
Facebook: Bäderverein Kevelaer e.V.
GPS: 51°35'14.11"N, 6°14'50.31"E

Öffnungszeiten:
Saison: Anfang/Mitte Mai bis Anfang/
Mitte September
täglich 10–20 Uhr (bei schlechtem Wetter
eingeschränkt geöffnet
im Regelfall 10–13 Uhr)

Preise: Kinder bis einschl. 5 Jahre/schwerbeh.
Kinder und Jugendliche: frei, Kinder/
Jugendliche 6–17 Jahre/Schüler/

Studenten: 2 €, Erwachsene: 3 €
(schwerbehindert 2 €), Abendtarif ab 18 Uhr
(Erwachsene): 2 €

Anreise: B 9 aus Goch/Weeze kommend
Richtung Kevelaer fahren. 1. Ampel rechts
abbiegen (Lindenstraße). Nach 170 m links
abbiegen (Dondertstraße). Nach 190 m
befindet sich das Freibad auf der linken Seite.
Parkgelegenheit: am Bad
Öffentliche Verkehrsmittel: 12 Min. Fußweg
vom Bahnhof Kevelaer
Kinderwagen-/Rollstuhl: barrierefrei

Gastronomie: vorhanden
WC: vorhanden

Ein beliebtes Freibad mit familienfreundlichen Preisen. Es gibt ein Schwimmer-
becken mit Sprungturm, ein Nichtschwimmerbecken, in dem eine 50m lange
Röhrenrutsche endet, und ein Babybecken, außerdem Liegewiesen und jede Menge
Veranstaltungen im Jahreslauf. Auf der Facebook-Seite gibt es reichlich Fotos und
Informationen.

Strandbad Xantener Südsee

Am Meerend, 46509 Xanten
Telefon 0 28 01/71 56 56
info@f-z-x.de, www.f-z-x.de
Facebook: Freizeitzentrum Xanten

Öffnungszeiten: Mai–September
täglich ab 10 Uhr , (witterungsabhängig,
aktuelle Informationen unter www.f-z-x.de)
Preise: Erwachsene: Eintritt 5 €/
ab 17 Uhr 2,50 €
Kinder/Jugendliche (1–16 Jahre): 2,80 €/1,10 €
Familien (max. 2 Erw. + 2 Kinder/Jugendliche
im Alter von 1–16 Jahren): 13,50 €
Jedes weitere Kind: 2,20 €

Anreise: Von der B 57 (Xanten-Kalkar) aus
den Schildern Richtung Freizeitzentrum Xanten (nach Wardt) folgen. Von dort aus ist das
Strandbad ausgeschildert.
Parkgelegenheit: vor Ort
Behindertenparkplatz: vorhanden
Öffentliche Verkehrsmittel: SL42 (Stadtbus
Xanten); Haltestelle „Wardt Nibelungenbad"
Kinderwagen-/Rollstuhl: barrierefrei; unmittelbar am Strand muss aufgrund des Sandes
kräftig geschoben werden
Gastronomie: vorhanden
WC/Behinderten-WC: vorhanden
Kindergeburtstag/Freizeitvergnügen:
Stand Up Paddling, 1 Std.: 30 €/Person
(Preisstand: Nov. 2015)

Das Strandbad liegt in Xanten-Wardt an der Xantener Südsee mitten im Freizeitzentrum Xanten, einem großen Wassersport-Paradies. Hier gibt es einen langen, feinen
Sandstrand, Spielmöglichkeiten für Kinder im flachen Wasser (Familienstrand) und an
Land, Liegewiesen, einen Sprungturm und jede Menge Fun-Sport-Angebote (Beach-Volleyball, Beach-Soccer, Aqua-Park). Auch Stand-Up-Paddling, Wasserski, Surfen und
Katamaran-Segeln sind hier möglich. Oder Sie entspannen sich einfach nur, während
Ihre Kinder zufrieden spielen. Die Freizeitangebote des Freizeitzentrums Xanten sind
auf S. 28–29 und auf der o.g. Internetseite genauer aufgeführt.

Bedburger Nass

BedburgerNass, Hallenschwimmbad
Rosendaler Weg 10 a, 47551 Bedburg-Hau
Telefon 0 28 21/6 00 90
www.bedburgernass.de
Facebook: Bedburger Nass
GPS: 51°45'42.77"N, 6°11'23.62"E

Öffnungszeiten:
Mo: 14–21 Uhr, Di: 6–10 Uhr
Mi: 6–9 Uhr und 14–21 Uhr
Do: 18.30–21.30 Uhr
Fr: 6–9 Uhr und 14–21 Uhr
Sa: 8–13 Uhr
So/Feiertage: 9–15 Uhr (Winter bis 16 Uhr)
Preise: Erwachsene 3,40 €, Zehnerkarte 30 €
Kinder bis 18 Jahre, Schüler/Studenten 1,70 €,
Zehnerkarte 15 €

Anreise: B 57 bis Hasselt. In Hasselt an der
Ampel abbiegen in Richtung Schneppen-
baum (Bedburger Weg, aus Kalkar kommend
links, aus Kleve kommend rechts). Am Ende
der Straße rechts abbiegen (Rosendaler Weg).
Nach 70 m befindet sich links der Parkplatz.
Parkgelegenheit: am Bad
Behindertenparkplatz: vorhanden
Öffentliche Verkehrsmittel: Buslinien 51 und
56, Haltestelle „Bedburg-Hau-Rathaus"
Linie 44, Haltestelle „Verhoelen" (16 Min.
Fußweg)
Kinderwagen-/Rollstuhl: barrierefrei
Gastronomie: Kaffeeautomat, Eis
WC: vorhanden
Behinderten-WC: vorhanden
Wickelstation: vorhanden
Behinderten-Umkleiden: vorhanden
Schwimmkurse

Ein beliebtes, freundliches Hallenbad mit Schwimmerbecken und Nichtschwimmerbecken, in dem das Wasser bei 0 beginnt und unterhalb der Stufen allmählich von
80 auf 125 cm abfällt. Hier gibt es eine Rutsche, einen Wasserfall und Massagedüsen.
Schwimmbretter können gerne ausgeliehen werden.

Waldfreibad Walbeck

Am Freibad, 47608 Geldern
Telefon 0 28 31/49 64,
www.waldfreibad-walbeck.de
GPS: 51°29'47.12"N, 6°13'26.17"E

Öffnungszeiten: (Die Saisonzeiten entnehmen Sie bitte der Internetseite und/oder der Tagespresse), Mo–Fr: 14–19 Uhr, Sa + So: 11–19 Uhr Witterungsbedingte Änderungen vorbehalten.
Preise: Erwachsene 5 €/Jahreskarte 55 €
Kinder (4–17 Jahre) 3 €/35 €
Erm.: Erw. 4 €/Kinder 2 € (45 €/25 €)
Schüler / Studenten: 5 €/35 €
Anreise: B 9 Kevelaer Richtung Geldern, nach dem Ortsausgang Kevelaer rechts auf die L 491 (in diese Richtung ist auch das „Irrland" ausgeschildert), 1. Kreuzung links (Walbecker Straße), der Straße etwa 7 km folgen, rechts abbiegen (Kevelaerer Straße), nach 1 km rechts abbiegen (Walbecker Straße), nach etwa 1,4 km rechts abbiegen (Am Freibad), durchfahren bis zum Parkplatz / Waldfreibad.
Parkgelegenheit: direkt am Waldfreibad und auf einem großen, separaten Parkplatz (GPS 51°29'42"N, 6°13'36"E)
Behindertenparkplatz: vorhanden
Öffentliche Verkehrsmittel: Buslinien SL8 und 35, Haltestelle „Waldfreibad"
Kinderwagen-/Rollstuhl: frei zugänglich
Gastronomie: Café „All Seasons" und Imbiss „Onkel Tom's Hütte"
WC: vorhanden, Behinderten-WC: –
Wickelstation: vorhanden

Ein traumhaft schönes Freibad mit einer riesigen Rasenfläche, die von einem Wald (Naturschutzgebiet) umgeben ist. Hier gibt es einen großen Spielplatz, Hüpfkissen und noch viel mehr. Wir finden hier ein Sportbecken, einen Sprungturm mit Sprungbecken, ein großes Mehrzweckbecken und ein Planschbecken. Es gibt eine Wellenrutsche und mehrere weitere Wasserspielgeräte. Selbstverständlich darf auf der Rasenfläche auch gespielt werden. Direkt am Gelände befindet sich das Tipidorf (S. 22). Wenn es geöffnet ist, dürfen Badegäste gerne herüberkommen, sich umschauen und sich hier aufhalten.

wasserstraelen, Straelen

wasserstraelen – das fitnessbad
Lingsforter Straße 100, 47638 Straelen
Telefon 0 28 34/94 24 60
Telefax 0 28 34/9 42 46 29
info@wasserstraelen.de
www.wasserstraelen.de
Facebook: Wasserstraelen
GPS: 51°27'9.24"N, 6°15'30.74"E

Öffnungszeiten: Mo geschlossen
Di + Do 9–21 Uhr, Mi + Fr 7–21 Uhr
Sa, So, Feiertage 9–18 Uhr
Preise (Auszug): Erwachsene 4,50 €
Kinder 4–17 Jahre / ermäßigt 2,50 €
Familienkarte m. 1 Kind 9,50€
jedes weitere Kinde 1,50 €
12er Karte: 48 €/27 €
Anreise: B9 bis Geldern, Auffahrt auf die B58
(Venloer Str.) nehmen und in Richtung Venlo/

Straelen links abbiegen, nach ca. 6 km rechts
auf die Geldener Str. (wird nach ca. 150 m
zur Arcener Str.) in Richtung Arcen abbiegen,
dann im Kreisverkehr geradeaus fahren
(2. Ausfahrt), nach ca. 1000 m links in die
Lingsforter Str. abbiegen, dann nach
ca. 200 m links auf den wasserstraelen-Park-
platz* fahren.
Parkgelegenheit: am Bad
Behindertenparkplatz: vorhanden
Öffentliche Verkehrsmittel: –
Kinderwagen-/Rollstuhl: barrierefrei
Gastronomie: Bistro
WC/Behinderten-WC/Wickelstation: vorhanden
Schwimmkurse (Tel. 0 28 34-94 24 60): Baby-,
Kleinkinder-, und Kinderschwimmen, Wasser-
gewöhnung, Intensiv-Kinderschwimmen,
Brust-, Rücken-/Kraulschwimmen, Technik-
training (Erw.)

Obwohl der Schwerpunkt dieses Bades im Bereich Gesundheit und Gymnastik liegt,
bietet es Familien mit Kindern eine ganze Menge Spiel und Spaßmöglichkeiten: Es
gibt neben Sport- und Fitnessbecken eine 50 m lange Rutsche, ein Nichtschwimmer-
Aktionsbecken mit Rutsche, Strömungskanal, Wasserdüsen und Unterwasserbänken,
einen Whirlpool, einen Sprungturm (3m) und ein Babybecken in der Nähe des Bistros.
Achten Sie auf Spezialveranstaltungen, beispielsweise zu Nikolaus!

Bahia – das Inselbad, Bocholt

Action und Entspannung in tropischem Ambiente

Inselbad Bahia
Hemdener Weg 169, 46399 Bocholt
Telefon 0 28 71/27 26 60
Telefax 02871/27 26 66
info@bahia.de, www.bahia.de
GPS: 51°51'42.58"N, 6°36'34.65"E

Öffnungszeiten (Auszug):
Mo–Sa 10–22 Uhr, So/Feiertag 9–21 Uhr
Preise Wasserwelt (Auszug):
Freier Eintritt für Kinder bis 100 cm Körpergröße
Erwachsene ab 16 Jahre: Tageskarte 9,80 €/
3 Std. 7,80 €/2 Std. 5,60 €/Happy Hour (2 Std.
Aufenthalt beim Eintritt zwischen 10 und
13 Uhr oder nach 19 Uhr) 4,20 €
Kinder bis 15 Jahre: 5,20 €/3,90 €/2,80 €/2,10 €
Ermäßigte: 8,60 €/6,50 €/4,70 €/3,40 €

Familienkarte (2 Erw. + 3 Kinder): 26,00 €/
19,50 €/14,00 €
Anreise: B67 Richtung Bocholt, auf B473/
Westfalendamm wechseln - ab hier ist das
BAHIA ausgeschildert.
Parkgelegenheit: am Bad
Behindertenparkplatz: vorhanden
Öffentliche Verkehrsmittel: Taxibus TB11 vom
Bustreff zum Bahia, Anruf-Sammeltaxis AST
Kinderwagen-/Rollstuhl: vorhanden
Gastronomie: vorhanden
WC: vorhanden
Behinderten-WC: vorhanden
Wickelstation: vorhanden
Schwimmkurse: Babyschwimmen,
Kleinkindschwimmen, Schwimmkurse für
Kinder ab 5 Jahren bis Silberabzeichen

Dies ist ein Ort, an dem die ganze Familie einen Tag lang in eine andere Welt ab-
tauchen kann. Wer entspannen möchte, hat reichlich Gelegenheit dazu, während
Action-Liebhaber gerade bei den Rutschen voll auf ihre Kosten kommen. Hier gibt
es eine 70 m lange Event-Röhrenrutsche mit Lichteffekten und die Weichenrut-
sche Aqua Choice, die mit Reifen befahren wird und in der wir vor die Wahl gestellt
werden, ob wir in der 110 m langen blauen Rutsche bleiben möchten oder auf
einer 30 m kurzen steilen Abfahrt dem Ziel entgegenstürzen. Herz des Bades ist das
Tiefbecken mit transparentem Cabrio-Dach, das je nach Wetter und Außentempera-
turen geöffnet wird. Am 3m hohen Sprungturm empfängt die „Gischt" den mutigen
Springer und lässt ihn sanft eintauchen. Im 1,35 m tiefen Attraktionsbecken mit
Unterwassermusik befinden sich Luftsprudelliegen, Massagedüsen, Wasserbaum,
Wasserschleier und eine Wasserkanone. Doch es geht auch wärmer und flacher: Im
32°C warmen Aktionsbecken mit 1,15 m Wassertiefe finden große und kleine Was-
serratten einen Strömungskanal und Wasserkanonen. Völlig erschöpft entspannen
wir uns im Whirlpool, während unsere Kinder im Wasserspielgarten mit 20–50 cm
Wassertiefe gut aufgehoben sind. Auf der Kinderrutsche, mit dem Schiffchenkanal
oder den zahlreichen Pump- und Spielmöglichkeiten ist stundenlanger Spielspaß
garantiert. Bei schönem Wetter lockt auch ein Außenbecken mit Breitwasserrutsche.

„Aqua Choice" ist nur für gute Schwimmer ab 6 Jahren geeignet.
Neben der Wasserwelt gibt es auch eine große und vielfältige Saunalandschaft.

Aqua Mundo, Center Parcs „Het Heijderbos"

Vielfältiger Wasserspaß im subtropischen Schwimmparadies

138

Altersempfehlung: 0–99 Jahre
Aufenthaltsdauer: den ganzen Tag
Wetter: bei jedem Wetter

Center Park „Het Heijderbos"
Hommersumseweg 43
NL-6598 MC Heijen
Telefon 00 31-4 85-49 67 00
www.dagjecenterparcs.nl/heijderbos
www.tagesausflugcenterparcs.de
Facebook: Center Parks Het Heijderbos
GPS: 51°40′21.79″N, 6° 0′9.64″E

Öffnungszeiten: täglich 10 bis 21 Uhr
Preise: Tageskarte, Erwachsene 17,95 €
Kinder 3 bis 12 Jahre 14,50 €
Kinder 0 bis 2 Jahre gratis
Abendkarte (16.30–21 Uhr):
Erwachsene 10,95 €
Kinder 0–2 Jahre gratis, 3–12 Jahre 8,95 €
Kombi-Karte mit Jungle Dome (S. 68): 20% Erm.
5 € Parkgebühr

Anreise: Von Kleve aus kommend die Materborner Allee/Grunewaldstraße bis zum Grenzübergang fahren. Weitere 4,1 km geradeaus. Links abbiegen auf den Siebengewaldseweg – der Straße 3,9 km folgen. Im Kreisverkehr die 1. Ausfahrt nehmen (rechts abbiegen), nach ca. 700 m rechts in den Park abbiegen. Von Goch kommend die Gaesdoncker Straße (Richtung Gaesdonck/Siebengewald) bis zum Grenzübergang fahren. Der Straße noch 550 m folgen, dann rechts abbiegen in den Nieuweweg. Der Straße etwa 7,5 km folgen. Am Kreisverkehr die 3. Ausfahrt nehmen (links abbiegen), nach ca. 700 m rechts in den Park abbiegen.
Parkgelegenheit: am Gelände, Parkgebühr 5 €
Behindertenparkplatz: auf dem Parkplatz, für Übernachtungsgäste am Bungalow
Kinderwagen-/Rollstuhl: barrierefrei
Gastronomie/WC/Behinderten-WC/Wickelstation/Behindertenumkleiden: vorhanden

Ein Paradies für solche, die Wasser mögen, und auch für alle anderen! Hier kann man problemlos einen ganzen Tag verbringen: im Wellenbecken den Wellen trotzen oder durch die Brandung toben, sich die Wildwasserbahn mit abschließendem Wasserfall hinunterstürzen, Wasserrutsche und Piste ausprobieren und im Korallenbad Haie und tropische Fische beobachten – oder auch einfach im Whirlpool liegen, geruhsam am Tisch sitzen, das tropische Ambiente genießen, anderen beim Spielen zuschauen und entspannen. Für Kinder gibt es einen schönen Wasserspielbereich und noch ein extra Babybecken. Ideale Voraussetzungen für einen entspannten, fröhlichen „Südsee"-Tag für die ganze Familie, an dem man garantiert den Alltag vergisst.

Das Aqua Mundo gehört zum Center Park „Het Heijderbos" – Tagesgäste sind nach Anmeldung/Reservierung herzlich willkommen.
Taucherbrille und/oder Schnorchel nicht vergessen!
Die Wildwasserbahn ist nur für sichere Schwimmer geeignet. Jüngere Kinder sollten beim Rutschen von draußen nach drinnen und am Wasserfall von ihren Eltern erwartet werden – eventuell brauchen sie etwas Hilfe.

Weitere Bäder

Stadtbad Rees
Grüttweg 26, 46459 Rees
Telefon 0 28 51/72 74
stadtbad-rees@t-online.de
www.rees-erleben.de – Öffentliche Einrichtungen – Stadtbad

Hallenbad Kevelaer
Hüls 10, 47623 Kevelaer
Telefon 0 28 32/7 83 55
www.kevelaer.de – Kultur & Freizeit – Hallenbad

Schul- und Sportbad Xanten (Hallenbad)
Heinrich Lensing Str. 5 (im Schulzentrum), 46509 Xanten
Telefon 0 28 01/95 89
www.schwimmfreunde-xanten.de
Schwimmkurse: für Kinder ab 5 Jahren (Anfänger), Seepferdchen
Kindergeburtstag: Kinder bis 15 Jahre können Kindergeburtstag im Hallenbad nach Voranmel-
dung feiern. Zur Beaufsichtigung der Kinder muss eine erwachsene Begleitperson anwesend
sein. Gruppen bis maximal 15 Kinder pauschal 25 €
Anmeldung nur im Hallenbad (Tel. 02801/9589). Die Gebühr ist bei der Anmeldung zu zahlen.

Lehrschwimmhalle Uedem
Schulweg 7, 47589 Uedem
Telefon 0 28 25/10 06 31
www.uedem.de – Leben in Uedem – Sportstätten
Eintritt: Kinder 1,20 €, Erwachsene 2,20 €
Familienbad: Mo 18.30–20 Uhr, Di–Do 16–20 Uhr
Schwimmunterricht, Kindergeburtstagsprogramm

Riswicker Familientag

Spiel, Spaß und Informationen für die ganze Familie

Zeitpunkt: im Spätsommer/Herbst
Altersempfehlung: 1–99 Jahre
Aufenthaltsdauer: > 2 Stunden
Wetter: Es gibt auch Indoor-Angebote.

Versuchs- und Bildungszentrum
Landwirtschaft Haus Riswick
Elsenpaß 5, 47533 Kleve
Telefon 0 28 21/99 61 96
Telefax 0 28 21/99 61 26
riswick@lwk.nrw.de
info@riswicker-bauernmarkt.de
www.riswick.de
www.riswicker-bauernmarkt.de
GPS: 51°47'11.65"N, 6°10'8.51"E

Preise: Kostenlos
Anreise: B57 aus Kalkar kommend links ab
auf die B9/Klever Ring Richtung Kellen/
Emmerich. 1. Ampel rechts (Riswicker Straße),
nach 500 m rechts (Elsenpaß)
Parkgelegenheit: ausgeschildert
Behindertenparkplatz: vorhanden
Öffentliche Verkehrsmittel: Buslinie 50,
Haltestelle „Riswicker Straße"
Kinderwagen-/Rollstuhl: barrierefrei

Gastronomie: Rustikale Gerichte und
Landfrauencafé
WC: Behinderten-WC
Wickelstation: vorhanden

Am Riswicker Familientag können Kinder eine Menge erleben, und das Ganze ohne Eintritt! Ein Paradies für alle ist die riesige Strohburg zum Klettern und Toben. Wer vom Stroh noch nicht genug hat, kann auch noch auf Schatzsuche gehen. Sehr spannend ist auch das Wettmelken, und auf verschiedenen Parcours' können die Kinder mit Trettreckern oder Fahrrädern ihre Geschicklichkeit unter Beweis stellen. Der Fahrsimulator lässt sicher auch manches Elternherz höher schlagen, genauso wie Betriebsführungen, Landmaschinen, Trecker-Treck, Rasentraktorparcours, der regionale Erlebnismarkt und die Kaninchen- und Geflügelausstellungen. Andere freuen sich vielleicht eher über den Streichelzoo, das Ponyreiten oder die Kutschfahrten. Doch auch drinnen gibt es etwas zu erleben: Neben kulinarischen Genüssen (deftig oder phantastische selbstgebackene Kuchen im Landfrauencafé) gibt es ein Puppenspiel und Bastelangebote mit Naturmaterialien. Bei der Präsentation der Nachwuchszüchter führen Kinder und Jugendliche ihre selbst gezüchteten Jungtiere vor. Jedes Jahr gibt es zusätzliche, ganz besondere Angebote, die Klein und Groß viel Freude bereiten. Langweilig wird es hier nie, und am Abend sind dann alle so richtig schön müde!

Denken Sie beim Anziehen daran, dass die Kinder sich im Stroh bewegen und mit Tieren in Berührung kommen: Wählen Sie praktische, bequeme Kleidung, die ruhig mal dreckig werden darf!

Mittelalterfest im Kloster Graefenthal

Eine Reise in längst vergangene Zeiten

Zeitpunkt: jährlich im September
Altersempfehlung: ab 4 Jahre
Aufenthaltsdauer: mindestens 3 Stunden

Kloster Graefenthal
Maasstraße 48–50, 47574 Goch-Asperden
Telefon 0 28 23/9 28 87 80
info@kloster-graefenthal.de
www.kloster-graefenthal.de
Facebook: Kloster Graefenthal
GPS: 51°42'17"N 6°6'21"E

Eintrittspreise: Erwachsene: 7 €
Kinder: 3 €
Gewandete erhalten 2 € Rabatt

Nächstes Mal will ich den Ritter besiegen

Anreise: B504 zwischen Goch-Asperden und Goch-Kessel Richtung Nierswalde abbiegen (Maasstraße)
Parkgelegenheit: vor dem Eingang
bei Veranstaltungen: aus Richtung Nierswalde/Asperden kommend nächste Einfahrt, GPS 51°42'17"N 6°6'9"E
Behindertenparkplatz vor der Tür, direkte Zufahrt für Behinderte am Personaleingang
Anreise mit öffentlichen Verkehrsmitteln:
SL 11 (Goch-Asperden-Kessel), Haltestelle Graefenthal (100 m Fußweg)
Kinderwagen-/Rollstuhltauglichkeit:
gut geeignete Wege, auf der Festwiese muss kräftig geschoben werden
WC: vorhanden
Behinderten-WC: vorhanden

Wer durch das Torhaus tritt, landet in einer anderen Welt. Plötzlich erscheint dem „Zeitreisenden" seine Kleidung fremd und sein Handy zu schrill. Er taucht ein in die lärmende, lebhafte Welt des Mittelalters im Jahr 1474.

Auf den Wiesen üben sich die tapferen Ritter im Schwertkampf, während die Frauen in den Zelten am Rand über dem Feuer das Essen zubereiten, die Kinder dem Magier zuschauen und die Besucher nebenan das Bogenschießen erlernen, mittelalterliche Spiele ausprobieren oder sich passend einkleiden können. Schon landet Mama am Pranger! Plötzlich donnern die Kanonen – man kann sie nicht nur hören, sondern auch riechen und den Qualm sehen, der sich erst langsam verzieht …

Haben Sie schon einmal einen echten Schwertkampf gehört, ganz ohne Tonstudio? Oder probiert, was man im Mittelalter so gegessen hat? Oder dem Schmied zugesehen? Ob Handwerk, Handel, Gastronomie oder auch das obligatorische Kinderschminken – das Mittelalter ist auf diesem Fest so greifbar, mit allen Sinnen erlebbar (und alle Beteiligten so engagiert und gesprächsbereit), dass der Besucher erst wieder nach Hause geht, wenn die große Schlacht um das Kloster Graefenthal mit über 50 Rittern, Bogenschützen und Kanonen geschlagen ist und die Kinder zum Abschluss mit Schaumstoff-Waffen auf die Ritter losgelassen werden.

Das Kloster Graefenthal (gegründet 1248) kann täglich besucht werden. Es finden jährlich wiederkehrende Veranstaltungen statt, z. B. ein Oster- und ein Weihnachtsmarkt. Das Klostercafé ist an jedem Wochenende im Sommer und auf Anfrage geöffnet. Geplant sind ein Kinderspielplatz und eine Bogenschießanlage. Im Jahre 1474 wurde das Kloster tatsächlich belagert, als die Burgunder gegen Neuss zogen.

Großveranstaltungen im Archäologischen Park Xanten

Schwerter, Brot und Spiele/Museumsfest

Zeitpunkt: geplant im jährlichen Wechsel, voraussichtlich im Juni

Altersempfehlung: ab 5 Jahre

Aufenthaltsdauer: mindestens 3 Stunden

LVR-Archäologischer Park Xanten/
LVR-RömerMuseum
Am Amphitheater (ehemals Wardter Straße)
46509 Xanten
Telefon 0 28 01/9 88 92 13
apx@lvr.de, www.apx.lvr.de
Facebook: Kloster Graefenthal
GPS: 51°40′01″N, 6°26′24″E

Öffnungszeiten: Samstag und Sonntag, 10–18 Uhr (im jährlichen Wechsel, meistens im Juni – auf Ankündigungen in der Presse und im Internet achten!)

Eintrittspreise:
Schwerter, Brot und Spiele (Samstag/Sonntag):
Erwachsene Tageskarte: 12 €
Erwachsene 2-Tages-Karte: 19 €
Kinder und Jugendliche unter 18 Jahren frei!
Museumsfest (Samstag/Sonntag):
Erwachsene Tageskarte: 11 €
Kinder und Jugendliche unter 18 Jahren frei!

Anreise: A57 Abfahrt Sonsbeck Richtung Sonsbeck/Xanten den Schildern folgen. Nach 12 km bzw. auch aus allen anderen Richtungen der B 57 in Richtung Xanten folgen. Ab hier ist der APX ausgeschildert.

Parkgelegenheit:
drei Parkplätze am Park
GPS (Parkplatz am Hafentempel): 51°40′10″N, 6°26′56″E, (Parkplatz am Römermuseum): 51°40′01″N, 6°26′31″E

Behindertenparkplatz: vorhanden
Öffentliche Verkehrsmittel: zum Bahnhof Xanten mit dem Regionalexpress aus Duisburg oder Linie 44 aus Kleve. Ab Bahnhof Xanten Linie SL42 (Richtung Brigittenstraße) direkt zum Haupteingang „Am Rheintor".

Kinderwagen-/Rollstuhl: gut geeignet
Gastronomie: vorhanden. Römeressen möglich! (siehe Kapitel Essen und Trinken)
WC: vorhanden
Behinderten-WC: vorhanden
Wickelstation: vorhanden

Wer schon einmal die römische Arena im Archäologischen Park betreten hat, hat sich nichts sehnlicher gewünscht, als die leibhaftigen Gladiatoren zu sehen, das Publikum toben zu hören und das Donnern der Pferdehufe zu spüren. Dies alles mit allen Sinnen zu erleben, ist ein großartiges Ereignis. Kleidung und Frisuren der Mitwirkenden zeigen, wie experimentelle Archäologie funktioniert: Anhand historischer Quellen wird detailgetreu authentische Kleidung hergestellt – und damit auch vermittelt, wie sie ausgesehen und sich angefühlt hat. Ganz nah und in Farbe. Es werden römische Köstlichkeiten gereicht. Handwerker präsentieren ihre Künste und laden zum Zuschauen und Mitmachen ein. Gerade für Kinder werden viele Aktionen angeboten. Schaukämpfe, Katapultvorführungen und Festumzüge runden das Programm ab.
In der Gladiatorenschule können Kinder einfache Kampftechniken lernen oder eine Schildkrötenformation bilden.
Während das Museumsfest sich vor allem mit dem römischen Alltag befasst (wobei ein wenig Militär und Kampf natürlich nicht fehlen) und rund um das Museum stattfindet, erstreckt sich „Schwerter, Brot und Spiele" über weite Teile des Parks und bietet große, spektakuläre Vorführungen und Paraden. So können Klein und Groß jedes Jahr gemeinsam einen Tag im alten Rom verbringen und immer noch etwas Neues dazulernen.

Courage-Festival, Moyland

Open-Air Jugendfestival
„Für Toleranz – gegen Gewalt"

146

Zeitpunkt: jährlich im Juni/Juli
Altersempfehlung: 9–99 Jahre
Aufenthaltsdauer: den ganzen Abend
Wetter:
Open-Air-Konzert, also unter freiem Himmel

Festivalwiese am Schloss Moyland
Am Schloß 4, 47551 Bedburg-Hau
(Till-Moyland)
Telefon 0 28 21/85-1 62
ruth.keuken@kreis-kleve.de
www.jugendforum-courage.de
Facebook: Jugendfestival Courage
GPS: Festwiese 51°45'23"N, 6°14'11"E

Öffnungszeiten: ca. 17.30 Uhr bis ca. 23 Uhr
(Einlass ab ca. 15 Uhr) Änderungen möglich!
Preise: 10 €/Person

Anreise: B 57 Kalkar – Kleve, am Kreisverkehr
Richtung Till-Moyland abbiegen. Dort werden
Sie bereits eingewiesen.
Parkgelegenheit: am Schloss (GPS 51°45'20"N,
6°14'38"E) – Es sind genügend Plätze da, aber
evtl. Wartezeiten nach Abschluss des Konzerts
einplanen – am besten mit dem Shuttlebus
oder Fahrrad anreisen.
Öffentliche Verkehrsmittel: Shuttlebusse ab
Kleve, Kranenburg, Rees/Emmerich,
Wachtendonk/Straelen/Geldern/Kevelaer/
Weeze und Goch, Kerken/Rheurdt, Issum,
Uedem und Kalkar (kostenlose Anmeldung:
0800 220 9 220) – Abfahrtszeiten ca.
13.30/14.30 Uhr, Rückfahrt nach Festivalende.
Kinderwagen-/Rollstuhl: Barrierefrei, aber je
nach Untergrund Hilfe erforderlich, Tribüne
für Rollstuhlfahrer
Gastronomie/WC: vorhanden

Inzwischen kommen Jugendliche (und nicht nur die) von weit her, um am Festival teilzunehmen. Jahr für Jahr gelingt es den Organisatoren, Jugend-Magnete wie Castingshow-Gewinner zu verpflichten. Im Vorprogramm gibt es mindestens eine lokale Band und „coole" Tanzvorführungen. Im Laufe des Abends steigert sich das Programm über verschiedene Stilrichtungen und durchaus bekannte Namen bis zum Höhepunkt. In den vergangenen Jahren gaben sich Bands und Musiker wie Madsen, Max Herre, Nick Howard, Luca Hänni, Glasperlenspiel und Luxuslärm die Ehre. Im Schatten des mit Licht in Szene gesetzten Schlosses entsteht im Laufe des Abends eine ganz besondere Stimmung. „Kleinere" Zuschauer bis 1,60 m haben Zutritt zu einem separaten Bereich direkt vor der Bühne. Auf dem riesigen Gelände finden maximal 8000 Zuschauer entspannt Platz. Viele lagern mit Decken auf der Festivalwiese. An verschiedenen Stellen gibt es Getränke- und Verpflegungsangebote. Hilfskräfte patrouillieren zwischen den Konzertbereichen, kümmern sich im Notfall um Hilfsbedürftige aller Art und verteilen kostenlos Getränke. Rund um das Schloss gibt es die Möglichkeit, sich etwas von dem „Rummel" zu entfernen und sich im Café oder in den umliegenden Parkanlagen etwas auszuruhen.

Machen Sie mit Ihrem Kind einen Treffpunkt nach Abschluss des Festivals aus. Während der Veranstaltung trifft man sich relativ leicht wieder – die Bereiche sind überschaubar, und wer einmal einen schönen Platz gefunden hat, bewegt sich meistens nicht weit von dort weg.
Achten Sie auf das Programm – bei der einen oder anderen Band lohnt es sich auch für die Eltern, näher zur Bühne zu gehen!

Lichterfest im Forstgarten Kleve

Sommerausklang mit Kerzen, Lampions, Musik und Feuerwerk

Zeitpunkt: 2. Samstag im September
Altersempfehlung: 5–99 Jahre
Aufenthaltsdauer: den ganzen Abend
Wetter: Die Veranstaltung findet draußen statt

In den historischen Gartenanlagen
Tiergartenstraße, 47533 Kleve
www.kleve-tourismus.de –
Veranstaltungen – Lichterfest
GPS: 51°47'46.54"N, 6° 7'27.61"E

Öffnungszeiten: 18.30–ca. 22 Uhr
Preise: frei zugänglich

Anreise: Aus Richtung Kranenburg B9/
Klever Straße/Tiergartenstraße bis zum Tier-
garten bzw. bis Sie eingewiesen werden./Aus
Kleve kommend entweder über die Kavariner
Straße/Tiergartenstraße Richtung Kranen-
burg, bis zum Tiergarten bzw. bis Sie einge-
wiesen werden, oder über den Klever Ring
Richtung Rindern, dort sind weitere
Parkplätze (an der Schule) ausgewiesen.
Parkgelegenheit: Ausgewiesen – wer die
Möglichkeit hat, sollte auf öffentliche Ver-
kehrsmittel ausweichen beziehungsweise
zu Fuß oder mit dem Fahrrad anreisen.
Behindertenparkplatz: –
Öffentliche Verkehrsmittel: Buslinie SB58,
Haltestelle „Forstgarten"
Kinderwagen-/Rollstuhl: frei zugänglich.
Je nach Untergrund und Steigung wird Hilfe
benötigt.

Gastronomie: vorhanden
Sitzgelegenheiten für ältere und behinderte
Besucher sind (begrenzt) vorhanden.

Das Lichterfest bildet den Abschluss der im April eines jeden Jahres beginnenden Klever Forstgartenkonzerte und ist ein wunderbares Erlebnis für Groß und Klein. Zum Sommerabschlusskonzert wird die historische Parkanlage prachtvoll durch zahlreiche Teelichter, Lampions, Lichterketten und Strahler in Szene gesetzt, und auf mehreren Bühnen spielt Live-Musik. Hunderte Besucher flanieren durch den Park und genießen die Musik, steigen zwischen beleuchteten Springbrunnen hinauf in den Laubengang und den Pavillon, um von oben einen Blick auf das Fest zu genießen. Spätestens bei Einbruch der Dunkelheit gegen 21.30 Uhr sollten Sie allerdings einen guten Platz mit Blick auf das terrassenförmige Amphitheater gefunden haben, denn dann „spielt hier die Musik": Den Abschluss des Abends bildet ein grandioses, mit Musik untermaltes Barock- und Höhenfeuerwerk!

Weitere Feste und Veranstaltungen

Siegfried-Spektakel in Xanten
Zeitpunkt/Ort: Christi Himmelfahrt bis darauffolgender Sonntag am Nordwall
(rund um die Kriemhildmühle) in Xanten
Telefon 0 28 01/9 83 00
www.xanten.de – Veranstaltungen

Ritterspiele mit Heerlager und mittelalterlichem Markt in Bedburg-Hau
Zeitpunkt/Ort: in Bedburg-Hau: ein Wochenende Anfang/Mitte Mai am Restaurant „Zur Alten
Post" am Golfresort Moyland (Eintritt frei)

Hoffeste und Sonderveranstaltungen auf dem Rouenhof
Zeitpunkt: viermal im Jahr sonntags 11–18 Uhr – genaue Termine siehe Veranstaltungskalender
auf der Homepage: Lämmerfest (ca. Anfang März), Oldtimer-Hoffest (mit Oldtimer-Traktoren,
ca. Juni), Streuobstwiesenfest (ca. Ende August/September), Nikolaus-Hoffest (Sonntag vor
oder nach Nikolaus),

Biolandbetrieb Rouenhof
A.&B. Verhoeven
Sonsbecker Str. 40, 47627 Kevelaer-Kervendonk
Telefon 0 28 25/72 33, Telefax 0 28 25/9 06 18
kontakt@rouenhof.de, www.rouenhof.de

Während der Hoffeste und auch zu den Öffnungszeiten des Hofladens oder bei Kindergeburtstagen kann man hier viel erleben: Reiten auf Eseln, Besuch des Ziegenstalls (mit Rutsche zu
den Lämmern), Trampeltrecker und Kettcars, Spiele-Heuboden mit Trampolin und Kletternetz,
Heubodenfußball mit Hunden, Planwagenfahrten, Geitengolf und/oder Übernachten im Heu.

Rouenhof · Heisterfeldshof

Bauernhoftag

Zeitpunkt: am ersten Samstag im Monat+an ausgewählten Terminen in den Schulferien, 14–17 Uhr

Preis: 5 €/Person

Reubaho – naturpädagogischer Bauernhof, Georg Reummen

Meiersteg 17, 47608 Geldern, Telefon 0 28 31/97 22 22

kontakt@reubaho.de, www.reubaho.de

Stallgeruch schnuppern, Spielen und Toben, Ponyreiten, Planwagenfahrt

Renntag und Trödelmärkte auf dem Heisterfeldshof

Zeitpunkt: 1. Sonntag im September, Trödelmärkte mehrmals im Jahr

Waldstraße 36/Ecke Breite Straße, 47551 Bedburg-Hau

Telefon 0 28 21/89 76 00, 01 72/9 01 15 98, Telefax 0 28 21/89 76 01

mail@heisterfeldshof.de, www.heisterfeldshof.de

GPS: 51°45′16.20″N, 6° 8′47.15″E (Treppe zum Lokal)

Hier können Kinder spielen und toben, während ihre Eltern über den Trödelmarkt ziehen oder etwas essen. Es gibt einen Spielplatz mit einem großen Hüpfball, einem Trampolin und zwei Fußballtoren, außerdem wird Ponyreiten angeboten.

Feste und Veranstaltungen im Jahreslauf

Einen Überblick über Veranstaltungen (nicht nur für Kinder) im Kreis Kleve erhalten Sie unter http://www.wfg-kreis-kleve.de und auf den Seiten der Städte und Gemeinden unter „Veranstaltungen" weitere interessante Seiten: www.kirmes-niederrhein.de, www.weihnachtsmaerkte-im-kreis-kleve.de, ww.kreis-kleve.de – Kreis Kleve erleben – Verzeichnis aller Märkte im Kreis Kleve.

Karneval:

- Gelderner Kinderkarneval (www.kkgeldern.de und Facebook-Seite „Kinderkarneval am Niederrhein")
- Kinderkarneval Kevelaer (www.kevelaer.de – Aktuelles – Veranstaltungen – Kinderkarneval)
- Kinderkarneval „Kinder für Kinder" der Flying Familli in der Mehrzweckhalle Kleve-Materborn (Facebook: Flying Familli)
- Kinderkarneval der Hasselter Carnevals-Gesellschaft im TeamSports Bedburg-Hau-Hasselt (www.hcg-hasselt.de oder www.bedburg-hau.de – Veranstaltungskalender – Kinderkarneval HCG)
- Kinderkarneval in Keppeln (http://www.queekespiere.de/html/termine.html)
- Kinderkarneval Funkturm Hau im „Haus Kuckuck" (www.funkturmhau.de)
- Kinderkarneval KaKiKa der KKG Kalkar
- Kinderkarneval in Zyfflich (sonntags 1 Woche vor Tulpensonntag)

Tulpensonntag:

- Kinderkarnevalszug Geldern 14.11 Uhr

Veilchendienstag:

- Kinderkarnevalszug in Kalkar-Appeldorn um 11.11 Uhr
- Kinderkarnevalszug in Uedem um 11.11 Uhr mit anschließender Kinderkarnevalssitzung im Bürgerhaus

Essen und Trinken
Restaurants und Cafés mit Spielplatz/Spielecke

Römeressen in der Römischen Herberge (APX)

RöGaXa GmbH
Archäologischer Park 2, 46509 Xanten,
Telefon 0 28 01/34 15, Telefax 0 28 01/54 58
info@roemische-herberge.de,
www.roemische-herberge.de
Öffnungszeiten: siehe Archäologischer Park
Xanten
Für Gesellschaften ab 10 Personen auch
abends.
Januar: Betriebsferien, Februar: Nur Sa und So
Eintritt: In den Preisen ist nicht der Eintritt in
den Archäologischen Park enthalten – dieser
fällt tagsüber zusätzlich an.
Anreise: siehe Archäologischer Park Xanten
(Parkplatz und Behindertenparkplatz, WC,
Behinderten-WC, Wickelkommode)
Öffentliche Verkehrsmittel: siehe Archäologi-
scher Park Xanten
Kindergeburtstag (für Kinder bis 12 Jahre):
siehe Kapitel „Kindergeburtstage"
Es gibt eine Kinderspeisekarte mit „normalen"
Kindergerichten. Auch die Erwachsenen kön-
nen zwischen römischen und internationalen
Speisen wählen. Es gibt mehrere Arrange-
ments und Veranstaltungen für Gruppen, die
den Gästen die römische Geschichte und Kul-

tur „kulinarisch" und kombiniert mit Führungen und/oder Geschichten (und Verkleidung!)
vermitteln.
Tipp: Das Kindermenü „Julius" enthält eine
Überraschung! Ebenso können spontan
gegen eine Gebühr Gewänder ausgeliehen
werden. Im „Familienangebot – Familienspaß
im römischen Gewand" (ab 34,50 € Gesamt-
preis) sind bereits verschiedene Gerichte und
die Gewandung enthalten. Zu tun gibt es für
Kinder neben dem Essen immer etwas: Die
Gewänder sorgen für Rollenspiel-Potenzial,
der Säulengang kann erkundet oder einfach
das vorhandene Malzeug am Platz genutzt
werden.

Restaurant-Ausflugslokal „Jan an de Fähr"

Höst-Vornicker-Weg 9, 47574 Goch,
Telefon 0 28 23/8 79 24 00
www.janandefaehr.de, GPS: 51°40'4.21"N,
6°11'49.03"E
Öffnungszeiten: April–Sept.: Di–So ab 11 Uhr,
Montag: Ruhetag,
Oktober–März: Mi–Fr ab 12 Uhr, Sa + So
ab 11 Uhr

Anreise: L77 „Boxteler Bahn" Goch-Uedem,
aus Richtung Goch kommend nach 1,7 km
rechts abbiegen in den Höst-Vornicker-Weg,
nach 100 m liegt links das Restaurant.
(Parkplatz und Behindertenparkplatz, WC,
Behinderten-WC, Wickelkommode)
Öffentliche Verkehrsmittel: Buslinie 74,
Haltestelle „Jan an de Fähr"

Kindergeburtstag: nach Absprache
(Telefon 0 28 23/8 79 24 00)
Ausflügler genießen bei Kaffee und Kuchen die Atmosphäre auf der Terrasse an der Niers, während die Kinder direkt daneben auf dem Spielplatz spielen, auf der benachbarten Wiese toben oder an der Niersfähre (S. 19) Radfahrer über die Niers kurbeln und vielleicht sogar ein kleines Taschengeld dafür bekommen. Ein schöner Ort zum Genießen und die Seele baumeln lassen.

MU Café

Fam. Unkrig-Gast, Bauernschaft Klein-Netterden, Speelbergerstraße 501, 46446 Emmerich, Telefon 0 28 22/68 77 96, Telefax 028 22/68 77 94, info@mu-cafe.de, www.mu-cafe.de,
Facebook: Mu Café, GPS: 51°51'51"N, 6°16'50"E
Öffnungszeiten: Sa+So 9.30–18 Uhr, Sa, So- und Feiertags Frühstücksbuffet, Sommeröffnungszeiten: siehe Internetseite
Anreise: Von der B220 (Kleve): Über die Rheinbrücke geradeaus Autobahn A3, vor der Auffahrt (Tankstelle/Hotel zur Grenze) rechts abbiegen (alternativ von der A3 Abfahrt Emmerich, Richtung Emmerich 200m links (Tankstelle/Hotel zur Grenze), auf den Kapellenbergerweg bis Ende, links abbiegen auf die Speelberger Straße, über die Autobahnbrücke, nach 500m liegt links das Mu-Cafe
Parkgelegenheit: am Haus
Behindertenparkplatz: vor dem Haus an der Straße, auf Anfrage direkt vorm Eingang

Öffentliche Verkehrsmittel: –
Kinderwagen-/Rollstuhl: überall sind Rampen vorhanden
WC/Behinderten-WC/Wickelstation: vorhanden
Kindergeburtstag: siehe Kapitel „Kindergeburtstage"
In diesem Bauernhofcafé gibt es nicht nur Kaffee, Kuchen, Brötchen und Herzhaftes. Vom Tisch aus können wir direkt in den Kuhstall schauen. Draußen gibt es einen großen Spielplatz mit Traktor, Spielturm, Schaukeln, Rutschen, Turnstangen und Klettergerüst und jede Menge Fahrzeuge. Geplant sind auch die Einrichtung einer Spielscheune und die Aufstellung eines Segelboots zum Spielen. Jolina, die zahme Jersey-Kuh, die beiden Islandpferde, ein Schwein, Kaninchen, Meerschweinchen, Gänse, Laufenten und Hühner sorgen dafür, dass wir mit unseren Kindern unseren Aufenthalt hier auf dem Bauernhof so richtig genießen können.

153

Jan an de Fähr

MU Café

Stadtcafé-Conditorei Wanders, Kleve

Kavarinerstraße 6, 47533 Kleve,
Telefon 0 28 21/2 07 44, Telefax 0 28 21/1 34 31
stadt-cafe-wanders@t-online.de,
www.cafe-wanders.de
Öffnungszeiten: Mo–Fr 9–18 Uhr, Sa 9–17 Uhr,
So+Feiertage 9-18 Uhr
Anreise: In Kleve parken. Von der Fußgänger-
zone (Herzogstraße/Große Straße) zweigt die
Kavarinerstraße (ebenfalls Fußgängerzone) ab.
Nach 50 m liegt das Café auf der rechten Seite.
(WC, Wickelkommode, 30 Plätze barrierefrei
erreichbar, Behinderten-WC im Geschäft
gegenüber, Kinderstühle)

Öffentliche Verkehrsmittel: Bus und Bahn:
Haltestelle „Kleve Bahnhof", 560 m Fußweg/
Haltestelle „Koekkoek-Platz", 190 m Fußweg
Beliebtes Café mit gepflegtem Ambiente,
großem Torten-, Kuchen- und Pralinensorti-
ment, üppigem Frühstücksbuffet und war-
men Gerichten wie Toasts und Crèpes. Für die
Kinder gibt es eine Spielecke mit Malzeug,
Holzspielzeug und Lego. Bei Anmeldung wird
für Spielgruppen auch gerne eine Ecke für
Kinderwagen freigeräumt.

Landgasthaus Schwanenhof, Schneppenbaum

Mühlenstraße 71, 47551 Bedburg-Hau
(Schneppenbaum)
Telefon 0 28 21/8 99 94 54,
Telefax 0 28 21/4 60 70 27,
info@schwanenhof.com, www.schwanenhof.
com, GPS: 51°45'39.39"N, 6°12'17.07"E
Öffnungszeiten: Mi, Do und Fr ab 16 Uhr,
Sa und So ab 11 Uhr, Mo + Di Ruhetag
Anreise: B57 von Kleve Richtung Kalkar,
hinter dem Ortsausgang Hasselt rechts
abbiegen (Johann-van-Aken-Ring), 1. Straße
links (Mühlenstraße) – an der Ecke liegt das
Restaurant.

(Großer Parkplatz, barrierefreier Zugang, WC,
Behinderten-WC, Wickelkommode)
Öffentliche Verkehrsmittel: Linie 44, Haltestelle „Hasselt Altes Rathaus", 800 m Fußweg
Kindergeburtstag: nach Absprache, Aktionsangebote „Kochspaß mit Kindern", Familienpicknick
Ein traditionelles Landgasthaus am Waldrand – idealer Ausgangspunkt für einen Spaziergang auf dem Voltaire-Weg, S. 55, (Alter
Postweg). Im Garten gibt es einen großen
Spielplatz auf einer Wiese. Neben Spielgeräten gibt es Traktoren und eine Boulebahn.

Café Wanders

Schwanenhof

Restaurant und Café Villa Reichswald, Uedem

(direkt am Hochwald zwischen Xanten, Marienbaum, Sonsbeck und Uedem)
Familie Keusen, Reichswaldstraße 2, 47589 Uedem-Uedemerbruch
Telefon 0 28 25/3 83, Telefax 0 28 25/9 08 16, www.villa-reichswald.de
Öffnungszeiten: Mo+Di Ruhetag (außer nach Vereinbarung)
Mittagstisch von 11.30–14 Uhr, durchgehend Kaffee und Kuchen, geöffnet bis 18.30 Uhr
Anreise: B57 von Kleve nach Marienbaum, hinter dem Ortsausgang Marienbaum rechts Richtung Labbeck, nach 5 km rechts Richtung Uedem/Goch, nach 2 km rechts (Reichswaldstraße).
(Parkplatz, WC, Behinderten-WC, Wickelkommode, barrierefrei)
Öffentliche Verkehrsmittel: Linie 43+Bürgerbus, Haltestelle „Villa Reichswald", 800 m
Kindergeburtstag: –
Ein traditionelles Ausflugslokal direkt am Hochwald, S. 58, idealer Ausgangs- oder Endpunkt einer Wanderung oder eines Ausflugs. Hier gibt es einen eingefriedeten Holzspielplatz draußen und ein Regal mit reichlich Spielzeug drinnen.

Pannenkoekenrestaurant De Duivelsberg

Duivelsberg 1, NL-6572 Berg en Dal,
Telefon 00 31-24-6 84 14 39,
Telefax 00 31-24-6 84 33 29
info@duivelsberg.nl, www.duivelsberg.nl,
GPS: 51°49'9.61"N, 5°56'36.14"E
Öffnungszeiten: 1. April–31. Oktober:
Di–So 11–20 Uhr, Mo ab 12 Uhr,
1. November–31. März: Di–Sa 12–20 Uhr,
So 11–20 Uhr, Montag geschlossen
Anreise: Von Kranenburg aus Richtung Wyler fahren (Nimweger Straße, K44), in Wyler links Richtung Groesbeek und sofort wieder rechts Richtung Nijmegen/Berg en Dal.
Der Strecke (Oude Kleefsebaan) etwa 2,4 km folgen. Nach dem Wanderparkplatz rechts abbiegen (Hinweisschild Pannenkoekenrestaurant) und dem Weg durch den Wald folgen bis zum Restaurant.
(Parkplatz und Behindertenparkplatz)
Pfannkuchenhaus mit großer Auswahl und speziellen Kinderpfannkuchen, direkt am Duivelsberg, S. 61, (am besten einen Spaziergang mit einplanen).
Sitzgelegenheiten drinnen (auch im Wintergarten) und draußen (auch überdacht).

Villa Reichswald   De Duivelsberg

Großer Spielplatz und Spielkiste (auch mit Comics), „Duveltjes" (Münzen) bei bestimmten Kinderpfannkuchen („Duveltjes Pannenkoeken") können gesammelt und/oder gegen ein Geschenk eingetauscht werden.

Tropic Chines./Mongol./Japan. Restaurant, Xanten-Vynen

Alt Vynscher Weg 5a, 46509 Xanten-Vynen, Telefon 0 28 04/83 66, Telefax 0 28 04/86 30 www.tropic-china-restaurant.de, GPS: 51°42'10.54"N, 6°25'0.36"E Öffnungszeiten: Mo–Fr 11.30–15 Uhr+17–23 Uhr, Sa, So, Feiertage 11.30–23 Uhr durchgehend warme Küche Anreise: Von der B57 aus den Schildern Richtung Vynen folgen, in Vynen den Schildern zum Hafen folgen. (Parkplatz, Behindertenparkplatz, Busparkplatz, WC, Behinderten-WC, Wickelkommode)

Öffentliche Verkehrsmittel: Buslinie SL42, Haltestelle „Vynen-Kirche" oder „Restaurant Vehling" Das Restaurant liegt unmittelbar am Hafen Vynen. Wer draußen sitzt, genießt den Blick zum Hafen. Hier gibt es neben der normalen Speisekarte Mittags- und Abendsbuffets. Die Kinder können draußen auf einem Spielplatz unmittelbar am Restaurant spielen. Gehen mehr als vier Personen essen, speisen Geburtstagskinder kostenlos.

Bauerncafé Mönichshof, Goch-Hassum

Boeckelter Weg 500, 47574 Goch, Telefon 0 28 27/52 87, Telefax 0 28 27/92 23 48 www.moenichshof.de Öffnungszeiten: Januar und Februar: nach Absprache, März: Sa+So 14–18 Uhr* April–September: Di–So 14–18 Uhr*, Oktober–Dezember: Sa+So14–18 Uhr* * Nach Vereinbarung sind Ausnahmen jederzeit möglich.

Anreise: B504 von Goch Richtung Kranenburg, in Asperden links abbiegen in die Triftstraße (Richtung Asperden Flugplatz), am Ende der Triftstraße rechts ab Richtung Hassum, nach ca. 1 km (300 m vor Hassum) links in einen Weg abbiegen – links in der Weide steht ein Schild. (Parkplatz und Behindertenparkplatz, WC, Behinderten-WC, Wickelkommode)

Tropic   Mönichshof

Bauerncafé mit Frühstücksbuffet am Sonntag (Anmeldung erforderlich) und reichlich Auswahl an Kaffee und Kuchen. Für Kinder gibt es eine Spielwiese mit Spielgeräten, für die „Großen" auch eine Sonnenterrasse.

Restaurant Zum Sandwirt, Goch

Eycksche Straße 54, 47574 Goch,
Telefon 0 28 23/54 37, GPS: 51°42'6.09"N,
6° 8'59.66"E
Öffnungszeiten: täglich 11.30–22.30 Uhr
(warme Küche 11.30–14 Uhr, 17–21 Uhr,
jederzeit Kaffee und selbstgebackener
Kuchen) Di Ruhetag
Anreise: Von der B9 (Kleve-Goch) auf die
Klever Straße Richtung Pfalzdorf wechseln.

Kurz vor dem Ortsausgang rechts abbiegen
(Reuterstraße). Nach ca. 470 m links abbiegen
auf die Eycksche Straße, am Ende der Straße
wieder links abbiegen.
(barrierefrei, WC)
Ein traditionelles Ausflugslokal mit Tiergehegen und Spielplatz in der Nähe der Niers.
Im Sommer kann man sich schön auf der
Außenterrasse aufhalten.

Café Samocca, Kleve

Kaffeerösterei, Café, Deli, Hagsche Straße 71,
47533 Kleve
Telefon 0 28 21/7 11 39 31,
samocca@haus-freudenberg-gmbh.de,
www.samocca-kleve.de
Öffnungszeiten: Mo–Fr 9–18 Uhr,
Sa 9–17 Uhr, So geschlossen
Anreise: In Kleve parken. Das Café liegt an der
Hagschen Straße oberhalb der Fußgängerzone
auf der Ecke Kolpingstraße. (barrierefrei, WC,
Behinderten-WC, Wickelkommode, Treppenschutzgitter)

Öffentliche Verkehrsmittel: Buslinie 49, Haltestelle „Postamt" oder „Lohengrin"
Hier ist man auf Kinder und Behinderte eingerichtet. Es gibt einen Spieltisch, einen Wickelraum und Treppenschutzgitter. In modernem, gemütlichem Ambiente bekommen die Gäste hier Kaffeespezialitäten und mehr geboten, unter anderem auch Ausstellungen und Veranstaltungen. Im Service und in der Küche arbeiten überwiegend behinderte Menschen und bereichern das Café mit ihrer besonderen Hingabe an ihre Arbeit.

Sandwirt

Samocca

Boscafé Merlijn, Kranenburg

Grafwegener Straße 32, 47559 Kranenburg-Grafwegen
Telefon 00 31-6-43 45 50 60,
boscafe.merlijn@gmail.com, www.merlijn.de
GPS: 51°44'53.45"N, 5°57'20.56"E, Öffnungs-zeiten: Mi 12–17 Uhr (bei schlechtem Wetter geschlossen), Sa 11–18 Uhr, So 11–20 Uhr, Kleine Karte
Anreise: B9 aus Kleve Richtung Kranenburg fahren. Am Kreisverkehr geradeaus (Klever Straße), 2.Straße links (Galgensteg – hier ist Grafwegen bereits ausgeschildert). Am Ende der Straße rechts abbiegen (Elsendeich/Drüller Weg) – ab hier den Schildern nach Grafwegen folgen und die Straße durch-fahren, bis sie an einem Parkplatz endet bzw. ab dort die Durchfahrt für Autos verboten ist (Schilder zum Café beginnen am Ortseingang Grafwegen). Per Fahrrad auch über den Kar-tenspielerweg. (Parkplatz am Waldrand, WC)
An diesem verwunschenen Ort enden Deutschland und die Welt. Schon die Fahrt am Waldrand entlang bereitet uns auf das vor, was hier auf uns wartet: Eine wunderbare bunte Welt im Garten am Waldrand mit vielen Tieren, wo alles etwas bunter und wilder ist als woanders. Es gibt auch eine Kinderspiel-kiste und im Garten viel zu entdecken.

Boscafé Merlijn

Kindergeburtstage

Hier werden noch einmal die Möglichkeiten für Kindergeburtstage bei den vorgestellten Örtlichkeiten aufgeführt. Weiter unten finden Sie weitere Möglichkeiten und Veranstalter für Geburtstagsfeiern.

IRRLAND – die Bauernhof-Erlebnisoase, Kevelaer-Twisteden, S. 4
Mietbare Villen, Tagesmiete 10–70 € (Online-Buchung)

Ponyhof Leiting, Isselburg, S. 6
Sommerlauben für Gruppen und Kindergeburtstage: bis 14/20 Personen: 13 €/18 €, Tandem 13 €
Verpflegung kann selbst mitgebracht oder am Kiosk erworben werden

LVR-Archäologischer Park Xanten/ LVR-RömerMuseum, Xanten, S. 8
Für Kinder von 6–12 Jahren: 2,5 Std. Programm „Römischer Geburtstag" inkl. 1 Mitmachangebot und 1 Geschenk für das Geburtstagskind (ohne Verpflegung) 120 € für max. 15 Kinder inkl. 1 erwachsene Begleitperson

Der Eselbauer – Eselwandern am Niederrhein, Goch-Kessel, S. 12
ab 8 Kindern 8,50€/Kind (2–3 Stunden) mit erwachsener Begleitung, mit Eselbürsten, Kuscheln, Informationen, einer Laufrunde mit Esel, einem Quiz und einer Überraschung!

Paddeln auf der Niers, S. 17
BAKO-SPECIAL-TOURS: Kindergeburtstag „Nierspiraten" (ab 6); Kesseler Bootsverleih; Niederrhein Kanu

Grenzland-Draisine Kleve – Kranenburg – Groesbeek, S. 20
Clubdraisinen (wenn mehrere Kinder an Bord sind bis 16 Personen) dürfen geschmückt werden. Es gelten die normalen Fahrpreise. Bitte berücksichtigen, dass vier Plätze zum Treten belegt werden müssen und erst Personen ab einer Körpergröße von 150 cm an die Pedale kommen! Selbstverpflegung ist erlaubt und erwünscht – es können auf Anfrage auch Catering-Partner genannt werden.

Tipidorf Waldfreibad Walbeck, S. 22
Die Angebote tragen so klangvolle Namen wie „Yakari" oder „Großer Adler". Preise liegen zwischen 7 €/Person (ab 8 Personen ca. 3 Std. ohne Übernachtung inklusive Tipinutzung, Kriegsbemalung, Stammesfahne basteln, 1 Getränk, Indianerteller und Geländenutzung) und 24,50 €/Person(ab 8 Personen inklusive Übernachtung, Kriegsbemalung, Stammesfahne basteln, Lagerfeuer Stockwurst grillen, Frühstücksbuffet und Freibadbenutzung), Der Geburtstagskuchen kann mitgebracht werden.

Kriemhildmühle, S. 24
Dauer: ca. 2 Stunden, Kosten 47 €/Stunde. Die Kinder bekommen eine Mühlenführung, können selbst Segel setzen und die Säcke in die Backstube hinunterlassen. Anschließend wird gebacken. Programm und Dauer lassen sich individuell vereinbaren. Ein Beispielablauf für eine Gruppenführung ist auf der Internetseite unter „Klecks und Schmier – So kann's gehen" beschrieben.

Alte Mühle Donsbrüggen, S. 25
Termin nach Absprache (ab ca. 10 Personen): Brot backen mit Mühlenführung und Museum (ca. 2 Stunden). Kosten: 3 €/Person. Getränke sind zusätzlich erhältlich.
(Bild siehe nächste Seite)

Jugendliche 16 €, bei mehr als 8 Personen ist der Eintritt für das „Geburtstagskind" kostenlos). Verpflegung kann mitgebracht werden. Ein Grill ist vorhanden. Bei schlechtem Wetter kann ohne Stornogebühren kurzfristig abgesagt/verschoben werden.

Gocher Bucht (im Stadtpark), S. 32
Verschiedene Angebote ab 5 €/Kind (Nutzung der kompletten Anlage, Müll entsorgt der Kunde, ab 8 Personen ist der Eintritt für das Geburtstagskind frei) bis 15,50 €/Kind (inklusive Paddeltour, Pommes frites, Fleischrolle, kl. Getränk und Slush-Eis)

Schwanenturm in Kleve, S. 34
„Burgen und Ritter" für Kinder im Grundschulalter, inkl. Museumsbesuch und Ritterprüfung; Kontakt: schwanturm@gmx.de (ca. 2 Stunden, Preis: 50–65 €+Eintritt)

Stiftsmuseum Xanten, S. 37
Einige Module aus dem Programm „Museum macht Spaß" (ausgenommen „Dombau") können auch im Rahmen von Kindergeburtstagen gebucht werden. Dauer: 90–120 Minuten, Kosten 30 €/Gruppe, Materialkosten 2 €/Kind, max. 15 Kinder/Modul.

Niersfähre, Goch-Kalbeck, S. 19
im Restaurant Jan an de Fähr, nach Absprache (Telefon 0 28 23/69 55)

Kleoland, S. 64
auf der Burg oder im Piratenschiff: 11 €/Kind
Am Tisch: 9,50 €/Kind
inkl. Eintritt, ein Gericht, ein Getränk und ein Wundereis mit Überraschung

Spiel-Dschungel, Kamp-Lintfort, S. 66
je nach Programm 6,50 €–10,50 €/Kind
Der Geburtstagskuchen darf mitgebracht werden, Speisen und Getränke nicht. Reservierung ab mindestens 5 Kindern.

Freizeitzentrum Xanten, S. 28
Piraten-Segeln, 2 Std.: 78 €/6 Kinder (bis 12 Jahre), max. 18 Teilnehmer, Eigenverpflegung möglich, Verpflegung kann dazugebucht werden. Piraten-Floß im Hafen Vynen, 2 Std.: 120 €/20 Kinder oder 180 €/30 Kinder (jeweils drei Erwachsene dürfen mit entern). Piraten-Donut im Hafen Vynen, 2 Std.: 120 €/ 10 Kinder (eine erwachsene Person MUSS mitfahren). Wasserski Easy-Start (7–16 Jahre), 2 Std.: 18 €/Kind. Stand Up Paddling, 1 Std.: 30 €/Person (Preisstand: 2013)

Adventurepark Xanten, S. 30
Während der Öffnungszeiten kann kostenlos eine Laube reserviert werden (ohne zeitliche Begrenzung). Es wird der normale Eintrittspreis erhoben, bei mehr als 5 Kindern ist der Eintritt für das Geburtstagskind kostenlos. Außerhalb der Öffnungszeiten kosten 3 Stunden im Kinderparcours mindestens 100 € (bis 10 Kinder, jedes weitere Kind 10 €, bei mehr als 10 Kindern ist der Eintritt für das Geburtstagskind kostenlos (im Hochseilgarten: 130 € bis 8 Jugendliche bis 16 J., jeder weitere

Jungle Dome, Center Parcs „Het Heijderbos", S. 68
12,50 €/Person inkl. Eintritt und Menü – Reservierung mindestens 1 Woche vorher!
Andere Programme möglich – siehe Internetseite unter „Kinderfeste"

Speeltuin De Leemkuil, NL-Nijmegen, S. 70
Speeltuinpakket inkl. Zugfahrt, Pommes frites, Eis, 1 Becher „Ranja" (Orangeade), Überraschung 7,90 €/Person, 45 Minuten Rittersaalnutzung (feste Zeiten, siehe Internetseite unter „Een dagje uit" – „Ridderzaal")+10 € (bei mehr als 10 Personen mit Speeltuinpakket frei)

Terra Zoo, s. Seite 162

Tiergarten Kleve, S. 76
Grundbaustein mit Geburtstagshütte (Platz für 8 Kinder + Begleitperson), in der gerne mitgebrachter Kuchen und Getränke verzehrt werden können: Eintritt Kinder 3 €, Erw. 5 €, das Geburtstagskind hat freien Eintritt und füttert ein Tier nach Wahl (zus. Kosten für die Fütterung 5 €). Zusätzlich buchbar:
Modul 1: Rundgang durch den Tiergarten, 1,5 Std., zus. 25 € für die ganze Gruppe
Modul 2: Ein Blick hinter die Kulissen (Versorgungshof), 1 Std., max. 8 Kinder, 18 €/Gruppe
Modul 3: Durch den Park mit Shetlandpony „Little Joe", 1,5 Std., max. 8 Kinder, 40 €/Gruppe
Das Ganze lässt sich mit einem Gastronomieangebot kombinieren (Thorstens Futterbox, Telefon 01 52-53 36 35 29).

Tierpark Weeze mit Streichelzoo und Waldlehrpfad, S. 78
Für Kinder im Kindergarten- und Grundschulalter bietet die Gemeinde Weeze eine Piratenwanderung an. „Piratin Vineta", ausgerüstet mit Augenklappe, Piratenhut und Piratenkarte, geht mit den Kindern auf eine Schatzsuche durch die Gemeinde Weeze. Hierbei spielen besonders die Schlossruine Hertefeld, die Niers und die Alte Schmiede eine Rolle. Abschluss in der Eisdiele Alpago oder im Markt-Café. Kosten:

25 € (zuzüglich Kosten für Piraten-Eis pro Teilnehmer). Änderungen vorbehalten!

Wildgehege Reichswalde, S. 80
Es können Führungen gebucht werden. Auch in Eigeninitiative ist es problemlos möglich, hier einen Kindergeburtstag zu feiern.

Biotopwildpark Anholter Schweiz mit Bärenwald, S. 82
Kindergeburtstagsführung (max. 12 Kinder+ 2 Erwachsene) 1 Stunde 25 €+Eintritt
Informationen zu weiteren Führungen auf der Homepage. Auf Anfrage werden gerne auch speziell für Behinderte Führungen angeboten.

Zoo Krefeld, S. 84
zoofuehrungen@zookrefeld.de,
Telefon 021 51/95 52-13
Verschiedene Führungen: Einsteigertour ab 4 Jahren: 60 Min, 45 €+Eintritt, Entdeckertour: 90 Min., 55 €+Eintritt, Exklusivtour mit besonderem Highlight, z.B. Nachtsafari, 90 Min., 70 €, Rundum-sorglos-Paket (Entdeckertour, Eintritt, Einladungskarten, kl. Präsent für jeden, Kindermenü) 23 €/Kind, Erwachsenen zahlen nur den Eintritt.

Zoo Duisburg, S. 86
Telefonische Buchung (frühzeitig) unter 0203-30 55 975

8 Kinder (ab 6 J.), 2 Erwachsene 100 €,
10 Kinder (ab 6 J.), 2 Erwachsene 110 €,
12 Kinder (ab 6 J.), 2 Erwachsene 120 €
inklusive Eintritt, kindgerechte Zooführung
mit Delfinvorführung, Möglichkeit einer
Bootsfahrt im Delfinarium für das Geburtstagskind (max. 140 cm, 35 kg), Fütterung
eines Zootieres, 1 Andenken/Alternativpro-
gramm: Erlebnisabend im Zoo

Königlicher Burgers' Zoo in Arnheim, S. 88

Kindergeburtstagsarrangement 16,50 €/Kind,
Erwachsene 20 €,
An der Kasse sind altersbezogene Fragebögen
zu einer Schnitzeljagd erhältlich (auch auf
Deutsch und inklusive Antwortbögen für die
Erwachsenen). Sie stehen auch auf der Inter-
netseite unter „Kids" zum Download bereit.

TerraZoo in Rheinberg, S. 90

10 Personen 100 €, jede weitere Person zahlt
den regulären Eintrittspreis. Verpflegungspa-
ket kann zugebucht werden.
Themen Australien, Amerika oder Afrika mit
Führung und hautnahem Kontakt zu verschiedenen Tieren. Zusätzlich: Präriehunde und
Totenkopfäffchen füttern.

Sea Life Aquarium und Sea Life Abenteuerpark Oberhausen, S. 92+63

Buchungs-Hotline: 0 18 06 – 66 69 01 01
Geburtstagspaket 12,95 €/Kind (ab 6 Kindern),
Geburtstagskind+1 Begleitperson kostenlos,
zusätzliche Erw. 14,95 € – inkl. Tageskarte,
Begrüßung, Schatzsuche (Schatz entweder
selbst mitbringen oder mitbuchen), SeaLife-
Jahreskarte für das Geburtstagskind/alterna-
tiv Piraten-Geburtstagspaket 19,95 € – wie
oben, aber zusätzlich 1 Stofftier als Geschenk
für jedes Kind, 1 Kiddy Box (Pommes, Nuggets,
Capri Sonne, Lutscher, Spielzeug, Luftballon),
kleiner Geburtstagskuchen, Benutzung des
Piraten-Spielelandes/alternativ zusätzlich Pira-
tenführung geführte Schatzsuche für einma-
lig 45 € zuzüglich Piraten-Geburtstagspaket

ZOOM Erlebniswelt Gelsenkirchen, S. 94

Geburtstagsführungen (bis 15 Personen)
60 Minuten mit einem Highlight 70 €+Eintritt
90 Minuten mit einem Highlight 80 €+Eintritt
1 Geburtstagskind frei

Kernie's Familienpark (Wunderland Kalkar), S. 96

Nach Voranmeldung an den Öffnungstagen
von 13–18 Uhr (bis einschließlich 12 Jahre,
maximal 12 Personen)
Bedingungen: http://www.wunderlandkalkar.
eu/de/arrangement/47/kindergeburtstage

Ketteler Hof (der Mitmach-Erlebnispark), S. 98

Feiern ausdrücklich erwünscht. Geburtstagskinder erhalten an der Kasse ein Geschenk.

Freizeitpark Schloss Beck, S. 100

Geburtstagskinder haben freien Eintritt und
bekommen ein Geschenk.
Angebotene Motto-Partys: Prinzessinnen-
Party, Piraten-Party, Becki-Party

Amusementspark Tivoli, S. 106

„Tiffi & Toffi Festpakket" siehe Internetseite
unter „Feestjes"

Phantasialand in Brühl, S. 106

Freier Eintritt am Geburtstag; begleitende
Kinder 10 € Eintritt (ab 10 Kinder),
10er-Geburtstagstisch in Wuze Town: 12,50 €
(jedes weitere Gedeck 1,50 €, 1-l-Getränke-
Karaffe 6,50 €)/Menüs zwischen 32 € und 45 €
pro 10-er-Tisch inkl. Essen, 2 Liter Getränke,
Gesichtsmaler, Tisch und Dekoration – Reservierung erforderlich: 018 06/36 66 00

Movie Park Germany, S. 108

"Birthday Special" (mind. 7 Personen – Anmel-
dung schriftlich mind. 7 Tage im voraus)
Menüoptionen "Chicken Nuggets" (4 Chicken
Nuggets, Pommes, 1 Getränke 0,3 l) oder
"Torte und Kaffee" (1 Stück Torte, unbegrenzt
Kaffee+Kakao)
Preise: 26,85 €/Kind 4–17 Jahre,
32,90 €/Erwachsener ab 12 Jahre

Legoland Discovery Centre Oberhausen, S. 110

Reservierung unter 0 18 06/66 69 02 20
Basis-Geburtstagspaket 9,95 €/Person (mind.
6 Personen) inkl. Eintritt, Geburtstagsquiz+Geburtstagskrone, Exklusives Geburtstagspaket
19,95 €/Person (Mo–Fr 15,95 €/Person) inkl.
Eintritt, 3 Stunden Begleitung, 45 Minuten
Bewirtung, Getränke, Donuts und Slush-Gutschein/Kind, Geburtstagsquiz, Geschenkpaket
für das Geburtstagskind inkl. Freikarte, kl. Erinnerungsgeschenk für jedes Kind, Türanhänger
„Zutritt nur für LEGO Fans" für jedes Kind

Niederrheinisches Freilichtmuseum mit Spielzeugmuseum, S. 112

Museumspädagogisches Programm für
bis zu 12 Kinder und zwei Begleitpersonen
(einschließlich Eintritt und Material):
bis 90 Minuten 60 €, bis 150 Minuten 80 €

Explorado Kindermuseum Duisburg, S. 114

Elfen-Kobolde-, Detektiv-, Piraten-, Forscher-
und Meisterkochgeburtstag – genaue Beschreibung auf der Internetseite. Zwei Preisvarianten mit unterschiedlicher Verpflegung: für
8 Kinder 110 €, jedes weitere Kind 12 € (inkl.
Muffins, Wasser, Apfelschorle) oder 150 €,
jedes weitere Kind 15 € (mit zusätzlicher
herzhafter Mahlzeit); Dauer je nach Programm
1 1/2 bis 2 Stunden
Mehrmals im Jahr gibt es die Aktion „Nacht
im Museum" mit Abendessen, Frühstück, ungewöhnlichen Geschehnissen in den Abendstunden und Übernachtung.

Neanderthal-Museum Mettmann, S. 116

Anmeldung: 0 21 04/97 97-15
2 Stunden „Steinzeitgeburtstag" in zwei
Altersstufen, inkl. Führung und Workshop,
Verpflegung kann zugebucht werden.
Eine Programmauswahl finden Sie auf der
Internetseite unter „Bildung & Forschung –
Steinzeitwerkstatt – Steinzeitgeburtstag".
Kosten: ab 97 €, bis zu 10 Teilnehmer

Eisenbahnmuseum Bochum, S. 120

„Stahl, Dampf und Detektive" für 5–12 Kinder
im Alter von 6–12 Jahren+3 Erwachsene
Kindgerechte Führung, Schatzsuche, Draisinenfahrt – Preis auf Anfrage

Freizeitbad GochNess, S. 124

nur Eintritt für 3 Stunden 3 €/Kind, nur Eintritt
Tageskarte 4,30 €, Eintritt Begleitperson 4,80 €
Kindergeburtstagspaket inkl. Eintritt, Getränk,
Eis, kleine Überraschung+Pommes, Fleischrollen, Hähnchennuggets, Mayonnaise und
Ketchup (Geburtstagskuchen darf mitgebracht werden), Preise: 9,80 €/Person inkl.
Eintritt für 3 Stunden, 11 € inkl. Eintritt für den
ganzen Tag

Freizeit- und Erlebnisbad Embricana, S. 126

6–12 Jahre, Anmeldung unter 0 28 22/91 42 10
Standardpaket: 12 Pers. inkl. Geburtstagskind,
Freunde und Begleitpersonen 85 € (Tagesaufenthalt+Geburtstagsmenü+Überraschung für
das Geburtstagskind)
All-In-Paket: 12 Pers. inkl. Geburtstagskind,
Freunde und Begleitpersonen 120 € (zusätzlich max. 2 Stunden Animation)

Strandbad Xantener Südsee, S. 132

Stand Up Paddling, 1 Std.: 30 €/Person
(Preisstand: 2013)

Freizeitpark Wisseler See, S. 130

Möglich – Ausrichtung nach Absprache

Bedburger Nass, S. 133

Möglich, aber kein festes Programm

Aqua Mundo, Center Parcs „Het Heijderbos", S. 138

15,50 €/Person inkl. Eintritt und Menü –
Reservierung mindestens 1 Woche vorher!
Andere Programme möglich – siehe Internetseite unter „Kinderfeste"

Römeressen in der Römischen Herberge (APX), S. 152

Für Kinder bis 12 Jahre, Kindermenü Julius
(Bockwurst mit Pommes+Mayo/Ketchup,

1 Caprisonne+1 Überraschung) 7,50 € pro Kind/alternativ Kindergeburtstagsarrangement (Pommes, Chicken Nuggets+Mayo/Ketchup, Softdrink in Krügen+1 Stieleis+ 1 Überraschung) 11,50 € pro Kind

Restaurant-Ausflugslokal
„Jan an de Fähr", S. 152
Nach Absprache (Telefon 0 28 23/8 79 24 00)

MU Café, S. 153
Verschiedene Angebote nach Vereinbarung
Beispiele: ab 8 Kindern Kaffee und
Kuchen oder Würstchen/Pizza und
Getränke+Programm nach Wahl
Selbstversorger können wochentags den Grillplatz (3 €/Person, min. 50 €, max. 100 €) oder
ebenfalls wochentags die Festscheune (50 €)
mit Toilettenwagen mieten.
auf Anfrage Ponyreiten

Landgasthaus Schwanenhof,
Schneppenbaum, S. 154
Nach Absprache, Aktionsangebote „Kochspaß
mit Kindern", Familienpicknick

164 Eventgastronomie ter Kelling
Klosterweg 136
47574 Goch
Tel. 0 28 27/9 25 50
info@ter-kelling-gastronomie.de
www.ter-kelling-gastronomie.de
Facebook: Ter Kelling
GPS: 51°42'28.24"N, 6° 5'20.68"E
Verschiedene Bausteine: Bogenschießen oder
Abenteuerspiele je 1,5 Std., 16 € p.P. / Ausbildung zum Waldagenten (Laubhüttenbau/Feuermachen) 2,5 Std. 20 € p.P. / Kids Games 1,5 Std.,
18 € p.P. / GPS-Schatzsuche 2 Std., 20 € p.P.;
anschließend Grillen oder Backen (5 € p.P.)

Restaurant Zum Sandwirt, Goch, S. 157
Nach Absprache

KJW-Team Kleve
Telefon 0 28 21/7 38 98 66, www.kjw-team.de
Verschiedenste Angebote an diversen Orten,
auch privat zuhause, individuell nach Abspra-

che unter der o.g. Telefonnummer oder über
das Kontaktformular auf der Internetseite.

Heisterfeldshof
Waldstraße 36/Ecke Breite Straße,
47551 Bedburg-Hau
Telefon 0 28 21/89 76 00/01 72/9 01 15 98
Telefax 0 28 21/89 76 01
mail@heisterfeldshof.de, www.heisterfeldshof.de
GPS: 51°45'16.20"N, 6° 8'47.15"E
Angebot 1: 12 €/Kind inkl. Trecker fahren,
Sulky fahren, Ponyreiten, 1 Fleischrolle/Bratwurst & Pommes, 1 Getränk, 1 Milcheis
Angebot 2. 13 €/Kind – wie oben, aber Quad
fahren statt Ponyreiten
Angebot 3: 14 €/Kind – wie oben mit Quad
fahren UND Ponyreiten

Viller Mühle
Viller 27, 47574 Goch-Kessel
Telefon 0 28 27/92 55 80
Telefax 0 28 27/92 55 81
service@viller-muehle.de,
www.viller-muehle.de, Facebook: Viller Mühle
GPS: 51°42›8.30»N, 6° 3›5.39»E
„Kinderprogramm" 54 min. 120 € für bis zu
15 Kinder mit einem Märchen zum Mitmachen, der Einführung in die Welt des
Puppenspiels und mit einer zauberhaften
Puppentheatervorstellung, mit dem Film vom
wahnsinnigen Puppenspieler und dem Start
eines Luftballons in der Luftballonstartrampe

für das Geburtstagskind oder ein anderes Programm, z. B. „Kinderzeitreise" 43 min. 7,50 €/Person bei mind. 15 Personen bzw. 112,50 € bei geringerer Teilnehmerzahl.

Poenenhof

Der Erlebnisbauernhof für Groß und Klein am Unteren Niederrhein
Margret & Günter Derksen
Kirsel 111, 47589 Uedem
Telefon 0 28 25/67 29, Telefax 0 28 25/1 01 81
kontakt@poenenhof.de, www.poenenhof.de
Facebook: Poenenhof Uedem
GPS: 51°40'58.11"N, 6°17'25.67"E
Preis für 10 Kinder und 2 Erwachsene: 70 €
(gilt für die Zeit von 14–18 Uhr) inkl. Hofführung mit Kälber füttern und Kühe melken oder Treckerfahrt, Streichelzoo, Nutzung aller Sport- und Spielmöglichkeiten, Sitzecke (im Winter beheizt, mit Platz für den Geburtstagskuchen) – Verpflegung und Müllentsorgung in Eigenregie, weitere Angebote: Bauernhof-Olympiaden und (für Gruppen ab 20 Personen) Grillbuffets

Biolandbetrieb Rouenhof

A.&B. Verhoeven, Sonsbecker Str. 40
47627 Kevelaer-Kervendonk
Telefon 0 28 25/72 33
kontakt@rouenhof.de, www.rouenhof.de
Kosten für ein dreistündiges Programm:
150 €/bis zu 20 Kinder; Verpflegung kann zugebucht werden (Bio-Grill 6 €/Kind, Bio-Brotzeit 7,50 €/Kind)
Möglichkeiten (bitte absprechen/auswählen):
Reiten auf Eseln oder der Reitkuh Romanze, Besuch des Ziegenstalls (mit Rutsche), Trampeltrecker und Kettcars, Spiele-Heuboden mit Trampolin und Kletternetz, Heubodenfußball mit Hunden, Planwagenfahrten, Geitengolf, Übernachten im Heu (Übernachtung inkl. Bauernfrühstück 14,50 €/Kind, 18 €/Erwachsener)

Moerenhof

Mörmterer Straße 7, 46509 Xanten
Telefon 0 28 04/3 75, Telefon 0 28 04/18 28 51
Telefax 0 28 04/91 02 63
moerenhof@gmail.de, www.moerenhof.de
Kleines Heulager 55 € für maximal 10 Personen

Kaminzimmer (im Winter beheizt) 75 € inkl. Heulager für 10 Personen, jede weitere Person 3 €, Dauer 3,5 Std. inkl. Nutzung von Spielplatz, Bolzplatz, Tischtennisplatte oder Beachvolleyballfeld; zusätzlich buchbar ab 25 €: Ponyprogramm, Bauerngolf, «Henne Helgas Wohnung». Hier gibt es außerdem die Möglichkeit, ab den Osterferien bis Ende der Herbstferien im Heu zu übernachten.

Bauernhof Maas

Vernumer Str. 220, 47608 Geldern-Vernum
Telefon (0 28 31) 55 48
info@bauernhof-maas.de
www.bauernhof-maas.de
4 Std. altersentsprechendes Programm mit allem Drum und Dran für Kinder von 4 bis 14 Jahren – Preise auf Anfrage; hier kann auch im Heu übernachtet werden.

Reubaho – naturpädagogischer Bauernhof

Georg Reummen, Meiersteg 17,
47608 Geldern, Telefon 0 28 31/97 22 22
kontakt@reubaho.de, www.reubaho.de
3 Stunden Programm: Schatzsuche, Ponyreiten, Treckerführerschein, Planwagenfahrt, Bauernhofrallye, Bauernhofolympiade, Chaos-Spiel

Museum Schloss Moyland

Am Schloss 4, 47551 Bedburg-Hau, Till- Moyland
Telefon 0 28 24/9 51 00
info@moyland.de, www.moyland.de
Verschiedene Programme, z.B. Seife gießen, eine Skulptur schnitzen, T-Shirts bedru-

cken, Fotogramme erstellen oder die „Schau genau"-Erlebnistour durch den Park (Dauer ca. 2 Stunden, ab 5 Jahren). Anmeldung unter 0 28 24/95 10-62 oder schulze@moyland.de. Preis pro Gruppe 100 €.

Museum Kurhaus Kleve

Ewald Mataré-Sammlung
Tiergartenstraße 41, 47533 Kleve
Telefon 0 28 21-7 50 10
info@museumkurhaus.de
für Buchungen: kasse@museumkurhaus.de
www.museumkurhaus.de
Individuell buchbare Workshops; Kosten: Gebühren (inkl. Material): 90,- € (1,5 Stunden), 120 € (2 Stunden)

Museum Goch

Telefon 0 28 23/97 08 11, museum@goch.de
www.museum-goch.de (Königshaus)
Im Königshaus, Königstraße 6, 47574 Goch werden Mal- und Kreativkurse sowie Kindergeburtstage angeboten – Anmeldungen am Museum Goch: 3 Stunden, max. 10 Kindern, inkl. Material ab 100 € (Töpfern, Zeichnen, Leinwandmalen etc.); Essen und Trinken können mitgebracht werden

Niederrheinisches Museum für Volkskunde und Kulturgeschichte e.V.

Hauptstraße 18, 47623 Kevelaer
Telefon 0 28 32/9 54 10, Telefax 0 28 32/95 41 44
info@niederrheinisches-museum-kevelaer.de
www.niederrheinisches-museum-kevelaer.de
Unter „Vermittlung" oder „Workshops" gibt es Informationen über Museumspädagogik und das Workshop-Angebot/Kindergeburtstage individuell auf Anfrage angelehnt an aktuelle Sonderausstellungen und das Workshop-Programm (ab ca. 5 €/Kind Materialkosten, Verpflegung kann zugebucht werden).

SiegfriedMuseum Xanten

Kurfürstenstr. 9, 46509 Xanten
Telefon 02801-772-200

Telefax 02801-772-199
siegfriedmuseum@xanten.de
Zu Gast im Mittelalter
180 Minuten, inkl. Geburtstagsgeschenk,
Essen & Trinken altersabhängig, max. 10 Personen, Kosten pro Gruppe 125 €

Nachtwächer-Führung in Rees (ab 6)/ „Hein vom Rhein" (ab 10)

Heinz Wellmann, Nachtwächter zu Rees am
Niederrhein, Kastellan der Burg Empel und
Gildemeister der „Deutschen, Gilde der Nachtwächter, Türmer und Figuren e.V."
Reeser Feld 5, 46459 Rees
Telefon 0 28 51/74 86
heinz.wellmann@nachtwaechter-rees.de
www.nachtwaechter-rees.de
www.nachtwaechter-gilde.de
heinz.wellmann@hein-vom-rhein.de
www.hein-vom-rhein.de
bis zu ca. 10–15 Kinder, max. 3 Begleitperso-

nen, ca 1.5 Std.; Nachtwächterführung ab
6 Jahre, 55 € pauschal, Tour endet im Museum
und in der „Unterwelt", den Kasematten
alternativ „Hein vom Rhein" (ab 10 Jahre), mit
Fährfahrt über den Rhein und Mühlenturmbesteigung, 1,5 Std., 55 € pauschal+Fähre 2 €/
Erw., 1,20 €/Kinder
(Picknick möglich, Ablauf nach Absprache)

Schul- und Sportbad Xanten (Hallenbad)

Heinrich Lensing Str. 5 (im Schulzentrum)
46509 Xanten, Telefon 0 28 01/95 89
www.schwimmfreunde-xanten.de
Kindergeburtstag: Kinder bis 15 Jahre können Kindergeburtstag im Hallenbad nach
Voranmeldung feiern. Zur Beaufsichtigung
der Kinder muss eine erwachsene Begleitperson anwesend sein. Gruppen bis maximal
15 Kinder pauschal 25 €, Anmeldung nur im
Hallenbad (Telefon 0 28 01/95 89). Die Gebühr
ist bei der Anmeldung zu zahlen.

Lehrschwimmhalle

Schulweg 7, 47589 Uedem
Telefon 0 28 25/10 06 31
Ausbilder: Jan Derksen,
Handy-Nr. 0171/2 06 06 52
Eintritt: Kinder 1,20 €, Erwachsene 2,20 €
Familienbad: Mo 18.30–20 Uhr,
Di–Do 16–20 Uhr
Kindergeburtstagsprogramm mit Geburts-
tagsboot und Picknick; der Eintritt für das
Geburtstagskind ist frei, die Gäste zahlen den
normalen Eintrittspreis

Grefrather EisSport- und EventPark

Sport und Freizeit gGmbH
Stadionstraße 161, 47929 Grefrath
Zentrale: 0 21 58/91 89 0
Gastronomie: 0 21 58/91 89 29
Kartenvorverkauf: 0 21 58/91 89 31
Schlittschuhverleih: 0 21 58/91 89 47
info@eisstadion.de, www.eisstadion.de
Wochentags 125 €/10 Personen, jedes weitere
Kind 12 € (Wochenende 140 €/10 Personen,

jedes weitere Kind 13,50 €) inkl. Eintritt,
Schlittschuhverleih, Geschenk für jeden, Kalt-
getränk und Imbiss (3 Gerichte zur Auswahl)

GPN Grand-Prix-Niederrhein

Industriestraße 23–27, 47652 Weeze
Telefon 0 28 37/9 51 05
Telefax 0 28 37/9 51 19
info@kartbahn-weeze.de
www.kartbahn-weeze.de
nach Anmeldung: 1 normale Ticketfahrt à 15
Minuten 10 € f. Junioren (12 € f. Senioren),
jede weitere Fahrt 11 Minuten

Teamsports Hasselt

An der Molkerei 13
47551 Bedburg-Hau (Hasselt)
Telefon 0 28 21/7 13 38 90
www.teamsport-hasselt.de
Bis zu 8 Personen (bis 14 J.) 99 €, jede weitere
Person 10 €: 2 Std. Indoor-Soccer oder Bow-
ling oder je 1 Std. Indoor-Soccer/Bowling;
inkl. Essen, Trinken und Foto.

Nützliche Adressen und Links

Niederrhein Tourismus GmbH
Willy-Brandt-Ring 13, 41747 Viersen
Telefon 0 21 62/81 79 03
Telefax 0 21 62/81 79 180
info@niederrhein-tourismus.de
www.niederrhein-tourismus.de

Kreisverwaltung Kleve
Nassauerallee 15–23, 47533 Kleve
Nebenstelle Geldern
Boeckelter Weg 2, 47608 Geldern
Telefon 0 28 21/85-0
Telefax 0 28 21/85-5 00
info@kreis-kleve.de
www.kreis-kleve.de

Wirtschaftsförderung
Kreis Kleve GmbH
Hoffmannallee 55, 47533 Kleve
Telefon 0 28 21/72 81-0
Telefax 0 28 21/72 81-30
www.wfg-kreis-kleve.de

Kleve Marketing GmbH & Co. KG
Opschlag 11–13, 47533 Kleve
Telefon 0 28 21/89 50 90
Telefax 0 28 21/8 95 09 19
stadtmarketing@kleve.de
www.kleve-tourismus.de
Facebook: https://www.facebook.
com/KleveNiederrhein
Öffnungszeiten Mai bis Mitte Okto-
ber: Mo–Fr 10–18 Uhr, Sa 10–15 Uhr
Öffnungszeiten Mitte Oktober bis
April: Mo–Fr 10–17 Uhr, Sa 10–14 Uhr

Stadt Kleve, Telefon 02821/84-0
Telefax 02821/84-710
stadt-kleve@kleve.de, www.kleve.de

Infocenter Moyland
Am Schloss 5, 47551 Bedburg-Hau
Telefon 0 28 24/99 99 70
info@bedburg-hau.de

infoCenterEmmerich
Rheinpromenade 27
46446 Emmerich am Rhein
Telefon 0 28 22/93 10 31
infocenter@stadt-emmerich.de
www.stadt-emmerich.de
Öffnungszeiten von April bis Oktober: Montag bis Freitag 10 Uhr bis
18 Uhr, Samstag, Sonntag, Feiertag
11 Uhr bis 17 Uhr, Öffnungszeiten
von November bis März: Montag bis
Freitag 10 Uhr bis 17 Uhr

Stadtverwaltung Geldern
Issumer Tor 36, 47608 Geldern
Telefon 0 28 31/3 98-0
Telefax 0 28 31/3 98-1 30
info@geldern.de, www.geldern.de
Öffnungszeiten: Mo–Do 8–17 Uhr,
Fr 8–12.30 Uhr, Sa 10–12 Uhr

Stadtverwaltung Goch/GO! GmbH
Markt 2, 47574 Goch
Telefon 0 28 23/3 20-1 48
Telefax 0 28 23/3 20-7 48
tourist-info@goch.de, www.goch.de
Öffnungszeiten: Mo–Fr 8.30 Uhr–
12 Uhr, Mo–Mi 14 Uhr–16 Uhr
Do 14–18 Uhr

Tourist- Info
Stadt Isselburg, Markt 9
46419 Isselburg,
Telefon 0 28 74/94 23 44
Tina.schumacher@isselburg.de

Gemeindeverwaltung Issum
Herrlichkeit 7–9, 47661 Issum
Telefon 0 28 35/10-0 (Touristik -24)
info@issum.de, touristik@issum.de
www.issum.de

Touristik-Information
Grabenstraße 66, 47546 Kalkar
Telefon 0 28 24/13-1 20
Telefax 0 28 24/13-2 34
tik@kalkar.de, www.kalkar.de
Öffnungszeiten von April bis
Oktober: Mo 10–13 Uhr, Di–So
10–17 Uhr, Öffnungszeiten von No-
vember bis März: Mo+Di 10–13 Uhr
Do+Fr 10–13 Uhr, Mi, Sa+So 10–13
Uhr und 14–17 Uhr

Gemeinde Kerken
Dionysiusplatz 4, 47647 Kerken
Telefon 0 28 33/9 22-0 (Touristik -170)
Telefax 0 28 33/92 21 23
www.kerken.de

Verkehrsbüro der Stadt Kevelaer
Peter-Plümpe-Platz 12
47623 Kevelaer
Telefon 0 28 32/1 22-1 51, 1 22-1 52
Telefax 0 28 32/43 87
verkehrsbuero@stadt-kevelaer.de
www. kevelaer.de

Tourist Info Center
Alter Bahnhof, 47559 Kranenburg
Telefon 0 28 26/79 59
touristik@kranenburg.de
www.kranenburg.de

Mo–Fr 10–13 Uhr und 13.30–17 Uhr
Sa, So+Feiertage 10.30–15 Uhr

Fremdenverkehrsbüro
Stadt Rees, Markt 1, 46459 Rees
Telefon 0 28 51/51-187
info@stadt-rees.de, www.stadt-rees.de
Öffnungszeiten: Mo–Mi 8–17 Uhr
Do 8–18 Uhr, Fr 8–12 Uhr, Sa 10–12 Uhr
Ende März bis Mitte Oktober zusätz-
lich: Fr+Sa 12.30–16 Uhr
So und Feiertage 11–16 Uhr

Gemeinde Rheurdt
Rathausstraße 35, 47509 Rheurdt
Telefon 0 28 45/96 33-0
Telefax 0 28 45/96 33 13
www.rheurdt.de

Gemeindeverwaltung Sonsbeck
Herrenstraße 2, 47665 Sonsbeck
Telefon 0 28 38/36-0
Telefax 0 28 38/36-109
info@sonsbeck.de, www.sonsbeck.de

Stadt Straelen
Rathausstraße 1, 47638 Straelen
Telefon 0 28 34/7 02-0
Telefax 0 28 34/7 02-1 01
info@straelen.de, www.straelen.de

Rathaus Uedem
Mosterstraße 2, 47589 Uedem
Telefon 0 28 25/88-0
Telefax 0 28 25/88-45
rathaus@uedem.de, www.uedem.de

Tourist-Information Haus Püllen
Feldstraße 35, 47669 Wachtendonk
Telefon 0 28 36/91 55-65
Telefax 0 28 36/91 55-7 65
tourist-information@wachtendonk.de
www.wachtendonk.de

Gemeinde Weeze
Cyriakusplatz 13–14, 47652 Weeze
Telefon 0 28 37/9 10-1 16
Telefax 0 28 37/91 01 70
tourinfo@weeze.de, www.weeze.de

Tourist Information Xanten GmbH
Kurfürstenstr. 9, 46509 Xanten
Telefon 0 28 01/7 72-2 00
Telefax 0 28 01/7 72-1 99
info@xanten.de, www.xanten.de
Öffnungszeiten: täglich 10.00 bis 17 Uhr

NABU-Naturschutzstation
Niederrhein e.V.
Telefon 0 28 26/9 18 76 00
www.nabu-naturschutzstation.de

Übersicht der Ziele nach Kriterien

[1]   Freiluftziele, in denen es genügend überdachte oder Innenräume gibt.

Ziele (auch) für Teenies:

Stichwortverzeichnis

172